Der Schofar-Flashmob und andere schräge Töne

Auserwählte Glossen vom Rand der jüdischen Welt

Ayala Goldmann

Der Schofar-Flashmob und andere schräge Töne

Auserwählte Glossen vom Rand der jüdischen Welt

Mit einem Vorwort von Adriana Altaras

Für Steffen und Jakob

INHALTSVERZEICHNIS

VORWORT

von
ADRIANA ALTARAS

Ich liebe Glossen. Sie sind kurz, aktuell, zeigen die eigene Meinung – und vor allem sind sie humorvoll. Kein Wunder, dass sich die meisten Autoren nicht rantrauen.

Ich googele beflissen: »Was ist der Unterschied zwischen einer Glosse und einem Kommentar?«, und erfahre, dass die Glosse die Königsdisziplin unter den Texten ist. Na bitte!

Ayala Goldmann schreibt wunderbare Glossen. Regelmäßig. Und das ist eine echte Mutfrage.

Warum? Erstens ist man ja nicht jeden Tag guter Laune. Schön wär's – aber die Nachrichtenlage, die Welt generell ist nicht so lustig.

Dann muss man sich kurzfassen. Herausfinden, wie man zu diesem oder jenem Thema steht – und die entsprechende Ironie aus sich selbst schöpfen. Ein Kraftakt.

Dazu kommt, dass die Themen sehr unterschiedlich sind, von banal bis weltbewegend, aber meistens hochaktuell. Glosse ist übrigens Altgriechisch und heißt Zunge, Sprache. Schon die alten Griechen wussten, wie schnell man sich die Zunge verbrennen kann.

Midlife-Crisis, Kriege, Rabbiner und koscheres Essen. Antisemitismus und der nichtjüdische Ehemann. Der Berliner Wahnsinn, der israelische Alltag, die Feiertage mit und ohne Juden, der schöne deutsche Weihnachtsbaum. Ayala ist so geschickt im Verdichten und Überhöhen, dass die Leserinnen und Leser lächeln und gar nicht merken, dass sie selbst gemeint sind.

Nur manchmal ist sie müde von so viel Alltag, verständlicherweise. Dann ruft sie mich an und fragt, ob ich am nächsten Morgen etwas abgeben könnte zu dem entspannten Thema Purim, als unsere Königin – so jedenfalls die Geschichte im Buch Esther – Tausende Menschen töten ließ. Ich bekomme schlagartig graue Haare und kann mir noch besser vorstellen, was Ayala so alles durchmacht.

Warum also tut sie sich das an? Weil sie weiß, dass sie mit ihren Glossen viel mehr erreicht als mit strengen erzieherischen Pamphleten. Und sie kennt sich aus. In Deutschland und in Israel gleichermaßen. Keiner entkommt ihrem scharfen Blick, ihrem liebevollen Spott.

Manchmal allerdings bleibt sie ernst. In ihren Texten und mit ihrer Meinung – und auch das tut gut. Ich könnte wetten, dass sie sich dann besonders verteidigen muss. Wo ist Ihr Humor geblieben, Frau Goldmann? Gerade jetzt bräuchte es ihn!

Mit dem Humor ist es natürlich immer so eine Sache. Manchmal werde ich selbst gefragt: »Sie sind ja so lustig, Frau Altaras. Bestimmt, weil Sie so viel jüdischen Humor haben – oder?« Bei dieser Frage denke ich immer darüber nach, ob sie antisemitisch oder philosemitisch ist – und ob ich meinem Gegenüber ein Ohr abbeiße, damit ich die Frage nie wieder beantworten muss.

Kurzum: Als Juden müssen wir nicht lustiger sein als die anderen. Das weiß Ayala, und deshalb bleibt sie ernst, wenn die Weltlage einen anderen Ton verlangt – selbst wenn ihre Leserschaft nervös wird.

Aber sie weiß auch, dass Humor hilft, nicht komplett durchzudrehen. Es gibt diesen großartigen Text von November 2023, wo alle hysterisch werden, in Berlin und Tel Aviv, wegen des Krieges, des Massakers. Alle, inklusive der Autorin. So traurig sich diese Glosse liest, so herzerwärmend ist sie auch – denn ich erkenne mich wieder, fühle mich aufgehoben in einer Gemeinschaft von Traumatisierten und Meschuggenen.

Was dürfen wir nach dem 7. Oktober schreiben? Die Frage erinnert mich an eine andere Frage: Darf man nach Auschwitz schreiben? Und lachen? Darf man lachen? Gott sei Dank wurde nach der Schoa geschrieben. Es hat uns allen geholfen, sich dem Unbegreiflichen zu nähern. Es wurde sogar gelacht – und auch das Lachen hat uns immer wieder ein bisschen erleichtert.

All diese Fragen stellt sich auch unsere Autorin. Jedes Mal, bevor sie sich einem Thema nähert, das ihr am Herzen liegt, das ambivalent bis schwierig ist. Jedes Mal, wenn sie sich hinsetzt, um eine Glosse zu schreiben, die mich zum Nachdenken, zum Lachen bringen wird.

1

Das Patrouillenboot und die Plastikflaschen oder: Romantik am Toten Meer

24. September 2009

Es sollte ein idyllischer Tag werden. Ein Ausflug ans Tote Meer, eine Wanderung in einem einsamen Wadi und zum Schluss ein romantischer Sonnenuntergang in Ein Gedi. Ich war in Israel, mein Freund kam zu Besuch. Voraussetzung für seinen Reiseantritt war selbstverständlich, dass er glaubhaft versicherte, das Existenzrecht Israels nie infrage stellen zu wollen.

Doch ich wollte mehr: Er sollte von Land und Leuten begeistert sein. Wir deutschen Juden legen zwar Wert darauf, nicht ständig mit Israel identifiziert zu werden. Trotzdem fühlen wir uns für alles verantwortlich. Und wenn WIR es schon nicht schaffen, das Land immer von ganzem Herzen zu lieben, dann sollen wenigstens unsere nichtjüdischen Mitbürger – vor allem diejenigen, die uns nahestehen – nicht an unserem Judenstaat herumnörgeln.

Meinem Freund war es in Ein Gedi zu heiß. Kaum stiegen wir aus dem Auto, stöhnte er über die Sonne. Als ob in Berlin das Wetter besser gewesen wäre. Nach zehn Minuten im Wadi kreuzte die erste Gruppe von Schülern unseren Weg. Unverhohlen starrten sie uns an, zeigten mit dem Finger auf uns und kicherten höhnisch: »Guckt mal, Touristen!«

Nicht weniger unfreundlich waren die Wachmänner, die mit lässig umgehängten Knarren hinter der Gruppe herschlurften. Meinen Zorn zog sich allerdings mein Freund zu, weil er sich darüber beschwerte, dass an der Spitze der Gruppe ein Schüler in Turnschuhen lief. Was für eine Frechheit! Wie kam er dazu, das israelische Sicherheitskonzept zu kritisieren?

Eine halbe Stunde später wurden wir von lärmenden Mädchen in langen Röcken aus den Siedlungen überholt. Kurz darauf zogen verschleierte arabische Schülerinnen, begleitet von einem bärtigen Führer, an uns vorbei. Wenig später hörten wir, wie sie unten an der Quelle das Echo ausprobierten: »Allahu akbar!«

Und ich hatte von einem Ausflug ins gute alte Israel geträumt. Von einer Oase in der Wüste, ohne Politik. Aber da waren sie alle wieder. Saßen an den Quellen, machten Krach und schmissen mit Plastikflaschen.

Doch es kam noch schlimmer. Als wir am Toten Meer ankamen, ließ mein Freund den Blick übers Wasser schweifen – und fragte, wo eigentlich das Patrouillenboot der Küstenwache sei. Oder gebe es etwa keines? Und warum die Siedler immer mit langen Gewehren durch die Gegend zögen? Ich sagte nichts. Aber auf dem Rückweg brach es aus mir heraus: »Hör auf zu nörgeln! Was Besseres als diesen Staat kann ich dir leider nicht bieten!«

Mein Freund und ich sind inzwischen verheiratet. Der Erfolg unserer Ehe, das habe ich mir geschworen, hängt aber nicht davon ab, dass die Israelis ein Volk von Gentlemen werden.

Auch andere Juden könnten besser schlafen, wenn sie sich nicht ständig für Israel verantwortlich fühlen würden. Sorgen haben wir ohnehin genug. Wer passt auf die Schüler in der Wüste auf? Wer sammelt die Plastikflaschen ein? Und könnte man nicht mal woanders Urlaub machen? Aber ich weiß jetzt schon, dass wir ans Tote Meer fahren, wenn wir nach den Feiertagen wieder nach Israel fliegen.

2
Warum frau nicht unbedingt auf Hebammen hören muss

8. Oktober 2009

Früher habe ich Leute gehasst, die sich in Kolumnen über ihre Kinder verbreiten. Nicht genug, dass diese Glücklichen mit Nachkommen gesegnet sind, dachte ich neidisch. Nein, sie müssen auch noch damit herumprahlen. Was geht es mich an, wenn der Liebling anderer Eltern seinen ersten Keks knabbert oder vom Wickeltisch pinkelt?

Nun aber habe ich selbst einen kleinen Sohn. Und ich habe mir geschworen, an dieser Stelle nur Betrachtungen anzubringen, die (hoffentlich) auch Nicht-Eltern interessieren. Schließlich sind wir alle irgendwie auf diese Welt gekommen, durch den Geburtskanal oder per Kaiserschnitt. Also werde ich von der Hebamme Gundula erzählen, bevor ich einen kleinen Abstecher ins historische Schottland unternehme.

Gundula leitete einen Geburtsvorbereitungskurs, zu dem ich mich angemeldet hatte – ahnungslos über die ideologischen Geschütze, die in Geburtshäusern aufgefahren werden. Der Abend begann mit einer dramatischen Schilderung von Gundulas eigener Entbindung. Noch Jahre später sei es ihr schwergefallen, das Trauma ihres Kaiserschnitts zu verarbeiten. Sie müsse uns warnen: Eine Frau, die sich für eine Sectio entscheide, könne nicht die gleiche Beziehung zu ihrem Kind aufbauen wie die Glücklichen, die nach einer vaginalen Geburt wahre Euphorie erlebt hätten. Das habe man in Studien herausgefunden.

Anschließend mussten sich alle Frauen rechtfertigen, die sich statt für eine Hausgeburt für eine Entbindung im Krankenhaus entschieden hatten, ohne bei Gundulas Geburtshaus eine Beleghebamme zu buchen. Ich dachte an meinen Sohn, der nichts ahnend mit dem Kopf nach oben in meinem Becken saß, und ersparte mir die restlichen vier (bereits bezahlten) Abende. Denn auch ich selbst hatte einst mit dem Kopf zuoberst im Bauch meiner Mutter gesessen– und wurde hektisch an den Füßen herausgezogen. »Totaler Stress«, erinnerte sich meine Mutter. »Macht einen Kaiserschnitt!«, sagte mein Vater.

Der Oberarzt in der Geburtsklinik, den mein Mann und ich zu Rate zogen, versicherte uns zwar, er sei offen für alles – seiner eigenen Frau aber würde er zum Kaiserschnitt raten. Auf einer Hebammen-Website hatte ich gelesen, dass Ärzte solche Ratschläge geben, weil die Krankenkassen für eine Sectio mehr Geld rausrücken. Allerdings vermute ich, dass auch Hebammen keine rein altruistischen Wesen sind. Denn beim Kaiserschnitt haben sie nichts zu tun, und ein Hausbesuch wird gerade mal mit 20 Euro vergütet.

Nun müsste ich, um diesem Text einen jüdischen Schliff zu geben, noch einen heldenhaften Juden auftreiben, der durch Kaiserschnitt auf diese Welt kam und Großes für unser Volk geleistet hat. Mir fällt aber nur Macduff aus Shakespeares *Macbeth* ein. Dem Tyrannen hatte ein blutiges Kind geweissagt: »Dir schadet keiner, den ein Weib geboren.« Darauf verließ sich Macbeth – auch noch, als die Alliierten unter Macduff gegen ihn vorrückten.

Schließlich setzte der Rebell Macbeth außer Gefecht, als er ihm während des Zweikampfs verkündete: »So verzweifle / An deiner Kunst, und sage dir der Engel, / Dem du von je gedient, daß vor der Zeit / Macduff geschnitten ward aus Mutterleib.« Dann schlug er dem Tyrannen den Kopf ab.

Meinem Sohn ging es nach der Geburt übrigens prima. Ein tyrannisches Baby ist er auch nicht geworden. Und die Mutter-Kind-Beziehung ist natürlich schwer intakt!

3
Warum man mit Seelenverwandtschaft vorsichtig sein sollte

22. Oktober 2009

Manche Juden glauben, es gebe eine »jüdische Seele«. Vor allem von jüdischen Junggesellen habe ich das oft gehört. Sie reden sehnsüchtig von der »Neschumme«, die sie bei einer Nichtjüdin einfach nicht finden. Angeblich ist das der Grund, warum sie immer noch Single sind. Ich bin mir da nicht so sicher.

Vor nicht allzu langer Zeit habe ich eine Jeschiwe in Jerusalem besucht. Dabei habe ich eine Menge über die jüdische Seele gelernt und darüber, warum sich eine jüdische Frau keinesfalls auf eine Ehe mit einem Nichtjuden einlassen sollte. Kapiert habe ich die Theorie bis heute nicht, was natürlich auch an mir liegen kann.

Es gibt ein berühmtes Buch aus dem 18. Jahrhundert, auf das heutzutage eine ganze Menge Juden schwören. Laut diesem Werk hat der gewöhnliche Jude eine dreigeteilte Seele. Sie besteht aus einer animalischen und einer göttlichen Seite. Dazwischen, sozusagen als Vermittlerin, steht die intellektuelle Seele.

Klingt fast wie Freud? Die gut 200 Jahre alte Theorie ist aber ein bisschen spezieller. Demnach haben nur Juden eine göttliche

Seele. Okay, vielleicht findet man hier und da einen Nichtjuden, in dem auch ein göttlicher Funke schimmert, aber im Großen und Ganzen haben die Juden die göttlichen Seelen für sich gepachtet.

Aus diesem Grund, sagen die Anhänger der Theorie, seien Ehen zwischen Juden und Nichtjuden völlig sinnlos. Denn wie kann sich ein Mann, der keine göttliche Seele hat, in die Besitzerin einer solchen hineinversetzen? Wie soll er jemals verstehen, warum seine Frau ihren Schlüsselbund beziehungsweise Geldbeutel nicht findet, warum sie bei der Wettervorhersage nie zuhört oder das Gemüsefach im Kühlschrank nicht geputzt hat? Allein mit dem intellektuellen Teil seiner Seele, den sogar er als Nichtjude besitzt, könnte ihm das nie und nimmer gelingen. Da sind ganz andere Schwingungen gefragt.

Die Sache ist nur, dass ich noch nie einen Mann kennengelernt habe, der mich so gut versteht wie mein eigener, unglückse(e)ligerweise (?) ein Nichtjude. Vielleicht hat er doch eine göttliche Seele oder eben nicht den Typ Seele, der in dem alten Buch beschrieben wird. Um ehrlich zu sein, mir sind diese Theorien zu kompliziert. Ich kann ja verstehen, wenn Juden sich Sorgen darüber machen, dass das jüdische Volk durch Assimilation verschwinden könnte. Ich nehme das sogar sehr ernst. Nur, sind zwei erwachsene göttliche Seelen in einem Haushalt nicht vielleicht eine zu viel? Vielleicht ist es besser, wenn wenigstens der eine Partner ein bisschen Erdung hat?

Abgesehen davon ist ja laut der chassidischen Theorie mein kleiner Sohn mit einer göttlichen Seele zur Welt gekommen. Dann hätten wir jetzt immerhin eine Zweidrittelmehrheit. Übrigens hat mich ein Rabbi rechtzeitig gewarnt: Wenn ich einen Nichtjuden heirate, können wir auf dem jüdischen Friedhof kein Doppelgrab bekommen! Aber meine göttliche Seele wird, wenn die Zeit gekommen ist, vielleicht auch für dieses Problem eine Lösung finden.

4
Über Drehtüren, kaltes Toastbrot und das israelische Schabbataufzugsgesetz

17. November 2009

Israelische Hotels sind eine Welt für sich. Ich weiß, wovon ich rede – ich habe gerade drei Wochen in Herzliya-Pituach verbracht. Nichts, woran man gelitten hätte: Wir hatten einen Balkon und einen wunderbaren Blick auf den Strand. Seltsam aber war die Interaktion von Personal und Gästen: Vereinzelte Touristen, die vor Wintereinbruch Sonne tanken wollten, und ein Heer arabischer Kellner und Zimmermädchen, die unmotivierter nicht hätten sein können.

Ich habe bis zum Schluss nicht herausgefunden, ob es sich um einen Tarifstreit, den arabisch-israelischen Konflikt oder nur um schlechte Laune handelte, aber für jede Tasse Kaffee mussten wir am Frühstückstisch mindestens drei Kellner anflehen, bevor einer sich widerwillig dazu herabließ, mit der Kanne anzurücken. Klopapier und frische Handtücher gab es nur abwechselnd und selten beides an einem Tag. Vielleicht ist Avigdor Lieberman an diesem Zustand schuld – obwohl ich eher auf schlechtes Management tippe.

»Wieso funktioniert die Drehtür nicht?«, fragte mich mein Mann, als wir das Hotel eines Morgens verlassen wollten. »Weil heute Schabbat ist«, sagte ich. »Arbeiten verboten.« Mein Mann, der sich mit der schweren mechanischen Tür abmühte, verstand die Regelung nicht: »Diese Glastür aufzukriegen, ist doch viel mehr Arbeit.« Warum er als Nichtjude am Schabbat nur kaltes Toastbrot essen durfte – der Toaster war abgeschaltet –, leuchtete ihm auch nicht ein: »Wozu sind dann die Kellner da?«

Am meisten aber amüsierte er sich über den Schabbataufzug. Gemäß dem Schabbataufzugsgesetz, das die Knesset im Jahr 2001 verabschiedet hat, muss in Israel in jedem öffentlichen Gebäude, das über mehr als einen Fahrstuhl verfügt, in mindestens einen Aufzug ein »Schabbatmodul« eingebaut werden. Dieser Lift hält am siebten Tag der Woche automatisch in jedem Stockwerk, und niemand ist gezwungen, durch das Drücken der Knöpfe, das heißt aktives Nutzen von Elektrizität, den Feiertag zu entweihen.

Nun ist dieses jüdische Patent aber unlängst auf höchster Ebene infrage gestellt worden. Der ultraorthodoxe Rabbiner Yosef Shalom Elyashiv, eine Autorität auf seinem Gebiet, hat Anfang Oktober gemeinsam mit anderen Leuchten der Tora das Benutzen von Schabbataufzügen untersagt. Die Weisen bezweifeln nämlich, dass die elektrische Spannung in den Aufzügen und die Geschwindigkeit, insbesondere beim Abwärtsfahren, gleich bleiben, wenn Fahrgäste zusteigen. Außerdem sehen sie das Image gesetzestreuer Juden in der Öffentlichkeit gefährdet, wenn diese sich am Schabbat ein leichtes Leben machen. Vielleicht haben die Charedim dabei an die Kellner im Hotel gedacht?

Allerdings erntete Rabbi Elyashiv umgehend scharfe Kritik. Denn andere Rabbis halten Schabbataufzüge, vor allem für ältere Juden, weiterhin für koscher. Und im Userforum der Website *Ynet* argumentierte ein Bunnie Meyer aus Los Angeles fast genau wie mein Mann: »Acht Stockwerke hochlaufen – DAS ist Arbeit. Kann etwa jeder im ersten oder zweiten Stock wohnen?«

5

Onkel Rudi und die verbotene Silvesterparty

7. Januar 2010

In der DDR waren Engel nicht gerne gesehen. Man nannte sie augenzwinkernd »Jahresendflügelfiguren«, damit klar wurde, dass Religion ihre Grenzen hat. Ähnliche Erfahrungen hat gerade mein Onkel Rudi gemacht. In seinem Fall ging es um eine Silvesterparty, die keine sein durfte. Amüsiert haben sich Rudi und seine Freunde trotzdem. Und wie! Ich wollte, ich wäre auf dieser Party mit dabei gewesen.

Rudi ist ein alter Jecke, Jahrgang 1914. Er lebt bei Netanya in einer israelischen Seniorenresidenz für wohlsituierte Rentner, viele von ihnen aus Mitteleuropa. Seit Monaten hatte sich der gebürtige Berliner auf die geplante Silvestergala gefreut, die im Speisesaal der Residenz steigen sollte. Doch dann wäre die Party beinahe ausgefallen. Die Leitung teilte mit, Silvester – benannt nach Papst Silvester I. – sei kein jüdisches Fest. »Das Management kann keine Party zum Ende des Jahres (Gott behüte, nenn' es nicht Silvester!) organisieren – es gibt Stimmen dagegen und sie wollen keine Diskussionen«, schrieb Rudi mir in einer empörten E-Mail.

Aber damit wollte er sich nicht abfinden. Während mein Mann und ich in Berlin keinen Finger rührten, um irgendeine Party zu organisieren, und schließlich als Couch-Potatoes ins Jahr 2010 starteten, machte der 95-Jährige den Jahreswechsel zu seinem persönlichen Kulturkampf. »In der näheren Zukunft werden in diesem Lande bald stärkere Kräfte tätig sein müssen, um ein Versinken in eine Ajatollah-Theokratie zu verhindern!«, kündigte er an und gründete zusammen mit anderen Silvesterfans einen »Vaad Le-Injan«, ein »Komitee für die Sache«. Wenn die Heimleitung keine offizielle Party unterstützen wolle, werde man eben eine Privatgala veranstalten, beschlossen sie. Onkel Rudi und seine Mitstreiter druckten Einladungen und baten die Gäste, in Abendkleidung zu erscheinen. Finanziert wurde die »Jahresendfeier« samt DJ durch eine Lotterie.

Nach allem, was Onkel Rudi mir erzählt hat, muss es ein rauschendes Fest gewesen sein. Es gab Champagner, es wurde getanzt bis in die frühen Morgenstunden. Die Rentnerinnen hatten ihre Kleiderschränke umgekrempelt und die Fummel der letzten 30 Jahre auf Hochglanz gebracht. Beim Tanz soll es sogar zu einer Eifersuchtsszene gekommen sein, doch über die Hintergründe schwieg Onkel Rudi sich aus. Stattdessen schlug er zum neuen bürgerlichen Jahr versöhnliche Töne an. Selbstverständlich habe er Verständnis für diejenigen Mitbewohner, die nicht zu der Party erschienen seien.

Ich hoffe, Onkel Rudi und seine Freunde lassen auch 2011 die Sektkorken knallen. Mögen sie noch viele beflügelte Jahresendfeiern erleben!

6
Wie frau ihren Traumprinzen garantiert nicht findet

21. Januar 2010

Wenn ich heute, nur so als Zeitvertreib, Kontaktanzeigen durchblättere, finde ich den Beweis für die alte Theorie, dass Männer und Frauen einfach nicht zusammenpassen. Die meisten inserierenden Frauen sind Mitte 30 bis Ende 40. Die meisten Männer suchen eine Frau bis 30, maximal Mitte 30. Bin ich froh, mit alldem nichts mehr zu tun zu haben!

Manchen Leuten ist so etwas peinlich, aber ich habe kein Problem, davon zu erzählen, welche Niederungen ich auf dem Weg ins Gelobte Land der Beziehung durchqueren musste. Vor einigen Jahren war ich einmal beim »jüdischen Speed-Dating« im Berliner Hotel Interconti. Aber 14 Juden an einem Abend – das war einfach zu viel. Sie waren jünger als ich, Anwälte und Computerspezialisten, aus Berlin, Odessa oder Kiew, bieder und todlangweilig. Am nächsten Morgen hatte ich die Jüngelchen alle vergessen.

Mein absoluter Tiefpunkt war eine »Single-Skireise« ins Stubaital. Ohne Juden. (Welcher vernünftige Jude würde auch Sekt in der Sauna trinken?) Der einzige auf den ersten Blick passable Mann litt unter einer Angststörung. Beim Essen in der

Skihütte stapelte er Tranquilizer neben seinem Spaghetti-Teller. Er war 30 und angeblich Finanzdirektor des Metro-Konzerns. Eines Abends erzählte ich ihm vom Zeilenhonorar der freien Journalisten. Die Augen des »Aufsteigers« weiteten sich vor Mitleid, und er versprach, mir einen anständigen Job zu verschaffen. Bei Bertelsmann, weil er da Beziehungen ohne Ende habe. Nebenbei ließ er durchblicken, er möge nur rasierte Frauen. Natürlich war ich scharf auf den Job, aber ich blieb standhaft und beschloss, mich nicht zu verkaufen. Das war vernünftig, weil den Mann beim Metro-Konzern niemand kannte – so stellte sich bei meinem Anruf bei der Pressestelle heraus.

Der Direktor des Viersternehotels Zum Holzhacker wiederum rief mich mehrmals in meinem Zimmer an und forderte mich auf, mit ihm »ein bisserl Zeit« zu verbringen. Als ich ihn abblitzen ließ, servierte er mir eine überhöhte Telefonrechnung und verabschiedete mich mit den Worten: »Schleich dich, lausiger Krüppel!«

Wieder in Berlin, verlegte ich mich auf Onlinedating mit Parship, das erschien mir seriöser. Mein erster Treffer war ein schwäbischer Drehbuchautor. Wir gingen schick essen und stritten uns über Toleranz, zahlten getrennt – dann schlug mein Datingpartner vor, um den Beleg zu knobeln: Stein, Schere, Brunnen, Papier. Der Schwabe hat natürlich gewonnen und die Bewirtungsspesen beim Finanzamt abgesetzt. Ach, war das alles ein Stress.

Die jüdischen Traumprinzen, die man bei einschlägigen Websites wie *jdate* und *Juden.de* so trifft, waren im Übrigen keineswegs charmanter. Alles Muttersöhnchen. Was mir schließlich geholfen hat, war die Einsicht, dass ein Mann allein noch keine Erlösung bringt. Wie der berühmte Rabbi Ullah sagte (Mischna, Traktat Sanhedrin, 98b): »Mag der Messias kommen, ich aber will ihn nicht sehen!«

7
Wo die wilden Spießer wohnen

4. Februar 2010

Seit ich aus dem alternativen Kreuzberg ins bürgerliche Friedenau umgezogen bin, lassen einige meiner Freunde durchblicken, dass sie mich nun im Lager der Berliner Spießer verorten. »Ah, petit-bourgeois«, meinte eine Bekannte abschätzig, als ich ihr von unserer neuen Wohnung erzählte, und ein guter Freund rümpft die Nase über die Gartenzwerge im Innenhof. Auch ich hätte nie gedacht, dass ich einmal grinsende Plastikmännlein zu meinen Mitbewohnern zählen würde. Aber wird, wer mit Zwergen zusammenlebt, dadurch schon selbst zum Zwerg?

Laut Wikipedia (dem Online-Lexikon, in dem sich moderne Spießer mit Selbstbiografien voll des Eigenlobs verewigen) stammt der Begriff Spießbürger aus dem Mittelalter und geht zurück »auf die in der eigentlichen Stadt wohnenden, Waffen tragenden Bürger, die ihre Heimatstadt mit dem Spieß als Waffe verteidigen konnten«. Mit dem Kurzbegriff Spießer, heißt es weiter, bezeichne man Personen, die sich »durch geistige Unbeweglichkeit, ausgeprägte Konformität mit gesellschaftlichen Normen, Abneigung gegen Veränderungen ihrer gewohnten Lebensumgebung und ein starkes Bedürfnis nach sozialer Sicherheit hervortun«.

Da fühle ich mich nicht angesprochen. Zumal die schlimmsten Berliner Spießer keineswegs in Friedenau wohnen, sondern in Prenzlauer Berg. Dort huldigen sie ihrem Bio-Essen, schicken den Nachwuchs zum Kinder-Yoga und halten sich für den Nabel der Welt. In »Prenzlberg« (ein echtes Spießerwort) haben sich auch viele jüdische Spießer niedergelassen, darunter junge Israelis, die bei Hummus und Pita zusammenhocken und heimattreuen Evergreens wie *Eretz Israel Yafa* oder *Ein Li Eretz Acheret* lauschen.

Der klassische Berliner Spießerjude wohnt allerdings in Wilmersdorf. Dort gibt es an jeder Ecke jüdische Psychotherapeuten, die großes Verständnis dafür aufbringen, wenn der jüdische Spießer auf der Couch jammert, weil die nichtjüdische Umgebung seine Macke nicht versteht. Jüdische Spießer tragen goldene Davidsterne oder große Chai-Anhänger um den Hals. In ihren Schrankwänden glänzen silberne Chanukkiot. Zum Schabbatessen laden sie befreundete jüdische Spießerpaare ein (Singles sind nur zu Verkupplungszwecken zugelassen) und schwärmen vom jüngsten Israel-Urlaub.

Jüdische Spießer sind meist nicht gläubig, unterwerfen sich bei Hochzeit, Beschneidung oder Beerdigung aber widerstandslos dem Diktat orthodoxer Rabbiner. In der Synagoge erscheint die jüdische Spießerfrau im pseudobescheidenen, aber teuren Fummel und mit zu viel Make-up im Gesicht. Und wenn ihr ein Sohn geboren wird, machen sie und ihr Mann sich noch vor der Brit Mila Sorgen darüber, ob ihr Jüngelchen sein Abitur auch schafft oder – Gott behüte – später eine Nichtjüdin heiraten könnte.

Sie, liebe Berliner Leserinnen und Leser, sind damit natürlich nicht gemeint. Sie sind nicht so. Und außerdem wohnen Sie in Zehlendorf.

8
Was sagt die Kabbala, wenn einem ein Hirsch vors Auto läuft?

1. Juni 2010

Es war spät in der Nacht, und ich fuhr mit meinem neuen gebrauchten Auto vom Limmud-Festival am Werbellinsee zurück nach Berlin, erfüllt von anregenden Gesprächen und gleichzeitig hundemüde. Meine beiden Beifahrer unterhielten sich angeregt über jüdische Studien und die Kabbala. Ich dagegen hatte andere Sorgen: Kurz nach Joachimsthal erschien auf der kleinen Landstraße plötzlich ein Tier in meinem Scheinwerferlicht. Ich traute meinen Augen kaum: Es war ein riesiger Hirsch mit einem wunderschönen, prächtigen Geweih. Zum Glück fuhr ich langsam, ich konnte bremsen, der Hirsch überquerte in aller Seelenruhe die Straße und verschwand auf der gegenüberliegenden Seite im Gebüsch.

Meine Nerven flatterten. Als Stadtmensch bin ich auf vieles eingestellt – aber nicht auf Hirsche. Noch aufgeregter wurde ich, als wir auf die Autobahn nach Berlin einbogen und ein Schild explizit vor Wildwechsel auf den kommenden acht Kilometern warnte. Brüsk unterbrach ich das judaistisch-kabbalistische Fachgespräch meiner Passagiere, das sich inzwischen um die mystische Bedeutung des Buchstaben Dalet drehte (die Zahl vier als Grundlage der Schöpfung oder so ähnlich), um die entscheidende Frage zu stellen: Was macht ein Autofahrer, wenn ein Hirsch so dicht vors Auto läuft, dass eine Vollbremsung nicht mehr hilft?

Der vordere Beifahrer ging zunächst diplomatisch auf meine Befindlichkeit ein: »Wenn du nicht mehr ausweichen kannst, Geschwindigkeit beibehalten und einfach auf den Hirsch draufhalten.« Dann wandte er sich wieder der Kollegin auf der Rückbank zu und erörterte mit ihr den »Kabbala für Anfänger«-Kurs, den er demnächst besuchen wollte. An diesem Punkt wurde ich, nervös wegen der Wildwechsel-Warnschilder und zusätzlich irritiert vom Navi, dessen Akku gerade den Geist aufgegeben hatte, ungnädig: »Kabbala interessiert mich nicht die Bohne«, fauchte ich. »Esoterische Modeerscheinung. Erst mal Tora und Talmud studieren, bevor man sich mit dem Sohar abgibt.«

Kaum hatte ich das gesagt, bereute ich meine Worte auch schon. Schließlich hatte das Limmud-Wochenende im Zeichen der Toleranz gestanden. Und vielleicht gibt es zwischen Himmel und Erde doch mehr als Talmud und Tora? Heil zu Hause angekommen, suchte ich nach tieferen Erklärungen: »Zwi«, das hebräische Wort für Hirsch, besitzt laut der jüdischen Zahlenmystik Gematria den Buchstabenwert 102.

Mein Name, Ayala, bedeutet »Gazelle«, aber auch »Hirschkuh« – Zahlenwert 46. Liegt darin vielleicht der Grund, warum der Hirsch und ich in dieser Nacht nicht kollidiert waren? Und: Warum ist ein Hirsch mehr als doppelt so viel wert wie eine Hirschkuh? Beim nächsten Limmud-Treffen werde ich nicht nur Kabbala-Fans nach Hause fahren, sondern auch eine Gematria-Expertin mitnehmen.

9
Wie eine israelische Straßenkatze Zeugin Jehovas wurde

15. Juni 2010

»Die Neigung des jüdischen Menschen, oft ein wenig zu übertreiben, zeigt sich zuweilen in der Bindung an Tiere. Wer jüdisch und tierlieb ist, ist es ziemlich konsequent«, ist auf der Website *tierimjudentum.de* zu lesen. Ich fürchte, auf mich trifft das nicht wirklich zu – obwohl ich einmal versucht habe, eine israelische Straßenkatze zu retten. Es endete damit, dass meine Nachbarin den Tierschutzverein einschalten wollte.

Die Mieze – ich hoffe, sie lebt noch – war ein Mischling aus Siam und einer zutiefst semitischen Katzenrasse, ein wildes Vieh mit wunderbaren blauen Augen. Ich nannte sie Malka (Königin) – denn in Tel Aviv wäre sie heute die Königin der Straßenkatzen und würde den prächtigsten aller Müllcontainer bewohnen.

Ich war damals im Urlaub in Israel. Ein Freund aus Tel Aviv erzählte mir, er habe ein Katzenkind aus dem Schnabel eines Raben gerettet. Aber wie das mit Tierfreunden manchmal so ist: Danach hatte er keine Zeit mehr für sein Mündel. »Kein Problem«, sagte ich, »ich nehme sie.« Eine Freundin bastelte einen Katzenkorb, ich ließ das Tier impfen. Auf dem Flug quäkte Malka jämmerlich und übergab sich, doch ansonsten schien sie den Kulturschock gut zu verkraften. Und ich freute mich, meinen neuen Redakteursjob in einer fremden Stadt nicht ganz alleine antreten zu müssen.

Aber die Freude währte nicht lange. Ich konnte Malka nicht mit ins Büro nehmen – zwar war sie stubenrein, hatte aber Pilze. So blieb das Kätzchen den ganzen Tag allein. Das tat ihm nicht gut. Malka, die in Israel noch völlig friedlich gewesen war, maunzte den ganzen Tag jämmerlich, randalierte und biss mich vor Wut in den Fuß, sobald ich nur die Wohnungstür aufschloss. Dabei gab ich Malka nach Feierabend alle Zuwendung der Welt. Ich hätte sie sogar in meinem Bett schlafen lassen. Doch leider war sie nicht kuschelig, sondern kratzte mich, sobald ich in ihre Nähe kam. Tagelang war ich damit beschäftigt, die tobende kleine Katze zu bändigen, die für ein einsames Leben in einer deutschen Mietwohnung nicht geschaffen war.

Eines Abends klingelte es. Es war die Nachbarin unter mir, Zeugin Jehovas und ebenfalls Katzenbesitzerin. Ihre Stimme bebte vor Zorn. »Das ganze Haus hört Ihre Katze schreien. Entweder Sie geben mir die Katze oder Sie bekommen es mit dem Tierschutzverein zu tun.«

Ich überlegte: Hatte ich Malka aus Israel geholt, damit sie nun den »Wachtturm« las? Andererseits: Würde sie sich in Gesellschaft von Artgenossen nicht besser fühlen? Ich rang mich durch und schenkte die Siam-Mischung der frommen Nachbarin. Wochen später durfte ich Malka auf dem Balkon unter mir besuchen: Sie schnurrte – dick, rund und träge geworden. Offensichtlich war sie glücklich. Wer weiß, vielleicht gehe ich am Ende doch noch als Tierfreundin durch?

10
Warten auf den koscheren Orgasmus

2. November 2010

Es gibt Interviews, bei denen man nicht weiß, ob man lachen oder weinen soll. Unlängst wollte ich für einen Radiosender mit einem amerikanischen Rabbiner sprechen, den ein Bestseller über »koscheren Sex« berühmt gemacht hat. Auf der Website des Weisen hatte ich die Ankündigung entdeckt, dass der Mann – erst Lubawitscher, dann Berater von Michael Jackson – ein neues Buch mit dem Titel *The Kosher Climax* (»Der koschere Orgasmus«) plane. Das interessiert die Hörer, dachte ich mir – auch die nichtjüdischen.

Also vereinbarte ich per E-Mail einen Gesprächstermin und buchte ein Aufnahmestudio. Doch als ich zur vereinbarten Zeit – 22 Uhr, wegen der Zeitverschiebung – im Sender saß und den Weisen anrief, gingen in seinem Büro in New Jersey nur die Sekretärinnen ans Telefon. Es tue ihnen schrecklich leid, der Herr und Meister sei nach Spanien geflogen und habe dort noch nicht in seinem Hotel eingecheckt. Ich versuchte es daraufhin auf dem Handy. Zehn Minuten hing ich in der Warteschleife, bis sich herausstellte, dass der Rabbi auch mobil nicht zu erreichen war.

Leider brauchte ich das Interview dringend. Der Sendetermin rückte näher. Also schickte ich dem Sekretariat am nächsten Tag eine E-Mail mit neuen Terminvorschlägen. Der Rabbi meldete sich mit einer kurzen Nachricht von seinem Blackberry: »Heute Nacht würde passen.« Brav organisierte ich einen neuen Studiotermin. Um 23 Uhr rief ich wie vereinbart an. Der Rabbi hatte den Termin vergessen und sagte, er sei beschäftigt. Dann legte er auf. Ich versuchte es wieder –und landete in der Mailbox. Erst eine Viertelstunde später ging der Herr Rabbiner selbst ans Handy.

Natürlich wollte ich als Erstes von ihm wissen, was unter einem koscheren Orgasmus zu verstehen sei. Doch mein Gesprächspartner gab sich zugeknöpft. Das Buch sei noch nicht auf dem Markt, und er wolle vorab nichts verraten. Stattdessen erläuterte er mir dreizehn Minuten lang, warum Sex vor der Ehe dem jüdischen Volk schade, Kondome kein koscheres Verhütungsmittel seien und Maimonides oralen Sex nur unter bestimmten Voraussetzungen gebilligt habe. Dann brach die Telefonverbindung zusammen.

Nun gut, immerhin habe ich mit ihm gesprochen – dem selbst ernannten jüdischen Sex-Experten, der ein Buch nach dem anderen veröffentlicht und sich auf internationalen Kongressen über Grundwerte, Sexualität und Moral tummelt. Eines steht für mich aber fest: Sein neues Buch werde ich unter gar keinen Umständen kaufen – auch nicht, wenn irgendein philosemitischer Verlag es ins Deutsche übersetzen lässt. Mit dem Mann bin ich fertig. Auch um den Preis, dass ich nie erfahren werde, was ein koscherer Orgasmus ist.

11

Tröstliches für 2011 vom Prediger Salomo

4. Januar 2011

Als in der Silvesternacht die Sektkorken knallten und wir auf das neue Jahr anstießen, war ich bester Laune. Leider habe ich zu viel Aldi-Champagner in mich hineingeschüttet und erwachte am 1. Januar mit einem mörderischen Kater. Missmutig dachte ich an alle Silvesterfeste, die bis zu meinem Ableben noch vor mir lagen – was würden sie bringen außer Besäufnissen und Kopfschmerzen?

Insbesondere der Gedanke an den Jahreswechsel 2037/38 stimmte mich grantig. Denn leider gehöre ich zu der Generation, die erst mit 67 in Rente gehen darf. Und trotz der fürstlichen Honorare dieses Blattes und diverser öffentlich-rechtlicher Rundfunksender liegt meine Rentenerwartung, wenn ich den Mitteilungen der Versicherung Glauben schenken soll, bei 556,40 Euro – mehr werden mir meine Beiträge als freie Journalistin zur Künstlersozialkasse nicht einbringen. Zwar habe ich ein Kontenklärungsverfahren laufen, aber ich fürchte, auch die Anerkennung meiner umfangreichen Studien wird die Bezüge nicht über 600 Euro heben.

Und wer weiß, ob ich bis zu meinem 67. Lebensjahr überhaupt Arbeit haben werde? Der geschätzte Redakteur dieser Seite – möge Gott ihm ein langes Leben bis 120 bescheren – wird dann, falls er sich nicht in die ewigen Jagdgründe verabschiedet hat, meinen Namen längst vergessen haben. An seiner Stelle wird ein junger, dynamischer Goi sitzen, der seine Magisterarbeit in Judaistik zum Thema *Antisemiten gestern, heute und morgen* mit Auszeichnung abgeschlossen hat. An meinem 55. Geburtstag wird der junge Mann mich wissen lassen, dass er meine Verdienste durchaus zu schätzen weiß, sein Blatt aber im Interesse des jüdischen Volkes nicht ständig dieselben Themen bringen könne. Statt meiner wird er ein junges, aufstrebendes Talent anheuern, das sich über jüdisches Onlinedating und koscheren Sex verbreiten und noch weniger Beiträge zur Künstlersozialkasse entrichten wird als ich.

Doch warum sich jetzt schon meschugge machen, fragte ich mich am 2. Januar, als der Kater verflogen war. Gehört es nicht zu meinen guten Vorsätzen, optimistisch in die Zukunft zu blicken? Und habe ich mir nicht geschworen, weniger zu meckern und mehr in der Bibel zu lesen – zum Beispiel im Buch Kohelet? »Es ist alles ganz eitel, sprach der Prediger. Was hat der Mensch für Gewinn von all seiner Mühe, die er hat unter der Sonne? Man gedenkt derer nicht, die früher gewesen sind, und derer, die hernach kommen; man wird auch ihrer nicht gedenken bei denen, die noch später sein werden.«

Was empfiehlt der Prediger Salomo da als Therapie? »So sah ich denn, dass nichts Bessres ist, als dass ein Mensch fröhlich sei in seiner Arbeit; denn das ist sein Teil. Denn wer will ihn dahin bringen, dass er sehe, was nach ihm geschehen wird?« Gut essen und trinken und das Leben genießen, rät der Prediger weiter. In diesem Sinne: LeChaim – und ein frohes neues Jahr!

12
Eine Synagoge zum Verweigern

28. März 2011

Es wäre ein Wunder, wenn ein einziges Mal in Deutschland eine Synagoge gebaut würde, ohne dass sich Juden deswegen in die Haare kriegen. Immer findet sich einer, der schon im Vorfeld ankündigt, diese Synagoge niemals in seinem Leben zu betreten. Entweder ist das Gebäude zu groß oder aber der Rabbi zu orthodox, zu liberal, ohne astreinen jüdischen Stammbaum oder abgrundtief korrupt.

Dass solcher Knatsch sich nun auch in Ulm abspielt, wo ich meine Jugend verbracht habe, amüsiert mich. Ausgerechnet die sparsamen Schwaben haben sich auf einen Synagogenbau eingelassen, dessen Finanzierung nicht gesichert ist. Doch unter einem erfolgreichen Bürgermeister ist Ulm eine vergleichsweise reiche Stadt geworden – da kann man so ein Risiko schon mal eingehen, gell?

Die Juden aber, anstatt über ihren zukünftigen Prachtbau zu frohlocken, überziehen sich gegenseitig mit Gehässigkeiten. Sogar dem Kommentator der wohlwollenden *Südwest Presse* war es nach dem ersten Spatenstich bereits zu viel: »Die Juden selbst tun gut daran, ihre internen Zwistigkeiten, die sich nicht nur um offene Finanzierungsfragen ranken, in aller Offenheit auszutragen und nicht in kruden Briefwechseln mit Vorhaltungen unter der Gürtellinie«, schrieb der Kollege. Wer wollte ihm da widersprechen?

Mal unter uns: Hätte jemand von der Israelitischen Religionsgemeinschaft Württembergs etwas anderes erwartet als Zank und Streit? Bisher hatten meine Eltern das Glück, dass die Synagoge weit weg war, nämlich in Stuttgart. So bekamen sie die Gemeinheiten aus der Landeshauptstadt nur gerüchteweise mit. Auch widerstand mein Vater, 75, Atheist und Kibbuznik der alten Generation, standhaft jedem Versuch des Ulmer Rabbiners, ihn in seine eigene Gemeinde einzuladen – obwohl der Rabbi, so behaupten böse Zungen, bedürftigen Juden angeblich eine Monatskarte schenkt, um seinen Minjan vollzubekommen. Mein Vater hat nie versucht, dieses Gerücht auf seinen Wahrheitsgehalt zu überprüfen. Er findet, er habe beides nicht nötig – weder eine Monatskarte noch den Minjan.

Ich beobachte das aus der Ferne und bin sehr gespannt, wie sich das Synagogenprojekt entwickelt. Soviel ich weiß, besteht die Ulmer Gemeinde größtenteils aus Zuwanderern, die nicht dafür bekannt sind, dass sie gewissenhaft Tefillin legen. Ganz anders ihr junger Rabbi, ein Israeli, der in Kfar Chabad aufwuchs und den dort bekannten Eifer nun auch in Ulm an den Tag legt.

Allerdings wird der Rabbiner allein mit den Gemeindemitgliedern und seinen eigenen Kindern die Synagoge nicht füllen können; 450 Plätze soll sie einmal haben. Daher empfehle ich den Ulmer Schwaben, schon jetzt die Jüdischen Kulturtage des Jahres 2012 vorzubereiten, am besten mit einer langen Nacht der Synagoge – in Berlin ein jahrelang erprobtes Rezept für volle Gotteshäuser. Für meinen Vater aber freue ich mich, dass ihm endlich auch in seiner eigenen Stadt eine Synagoge zur Verfügung stehen wird, in der er (aus Prinzip!) nicht betet.

13
Zionismus für Zweijährige

16. Mai 2011

»Liebe Eltern! Bitte kleidet eure Kinder zum israelischen Unabhängigkeitstag in Blau-Weiß und bringt eine Blume und eine Münze mit. Herzlichen Dank, die Kindergärtnerinnen.«

Dieser Zettel hing einen Tag vor Jom Haazmaut in unserer Kita. »Was soll das?«, fragte mein Mann, der mit 18 Jahren in der DDR wegen Wehrdienstverweigerung aus der FDJ ausgeschlossen worden war: »Soll ich meinen Sohn etwa im Blauhemd in die Kita schicken?«

Ich selbst hatte mir über die Jom-Haazmaut-Party keine großen Gedanken gemacht. Aus meiner Studienzeit in Jerusalem erinnere ich mich an schöne Grillfeten bei Freunden, aber auch daran, dass man sich an dem Feiertag nicht auf den Zionsplatz wagen konnte, ohne aus Sprühdosen mit ekligem Schaum bespritzt zu werden oder eins mit einem Gummihammer übergebraten zu bekommen. Aber solche Unsitten sind in der Gemeindekita ja nicht erlaubt.

»Lass die Kinder doch feiern«, sagte ich. »Diaspora-Eltern brauchen das. Du weißt doch, wie schuldig sie sich fühlen, weil sie nicht in Israel leben.« »Die spinnen, die Juden«, meinte mein Mann. Doch als Freund des jüdischen Volkes zog er unserem

Söhnchen am Morgen des Unabhängigkeitstages ein blau-weiß gestreiftes Hemd an, darüber eine hellblaue Jacke mit einem grinsenden weißen Mainzelmännchen.

Dem Kleinen muss die Jom-Haazmaut-Party sehr gefallen haben. Als ich ihn aus der Kita abholte, strahlten seine Augen noch blauer als die israelische Fahne, die er jubelnd schwenkte. Mit seinen Pausbacken und den blonden Locken hätte ihn jeder Propagandist sofort als Fotomodell gebucht. Jetzt konnte ich meinen Mann verstehen. Ich dachte an andere Winkelemente, die ein Zweijähriger begeistert hätte schwenken können – das mit Hammer und Sichel wäre noch das harmloseste gewesen.

Außerdem hatte ich ein Problem: Ich war auf einem Spielplatz in Berlin-Schöneberg verabredet, der auch von arabischen und türkischen Familien frequentiert wird. Es erschien mir deshalb klüger, ohne Flagge am Sandkasten zu erscheinen. Was mein Sohn natürlich nicht einsah. Er wehrte sich nach Leibeskräften, als ich ihm sein neues Spielzeug wegnehmen wollte. Im Eifer des Gefechts ging die Fahne kaputt.

Zum Glück, wie sich herausstellte. Denn auf dem Spielplatz angekommen, schnappte sich der Bengel die Schaufeln aller anderen Kinder und weigerte sich, sie wieder herzugeben. Dann bewarf er die Mütter mit Sand. Ich möchte gar nicht daran denken, was passiert wäre, wenn das alles unter zionistischer Flagge passiert wäre. Mein Söhnchen wäre als Aggressor und Siedler gebrandmarkt worden. Man hätte die UN-Kinderrechtsorganisation eingeschaltet. Nur dank meiner Vorsicht ist eine nahöstliche Sandplatzkrise knapp verhindert worden. Bis nächstes Jahr dann wieder – in Blau-Weiß!

14
Das Nächste, bitte!

8. August 2011

Eigentlich hatte ich mir geschworen, an dieser Stelle nie über die Kita der Jüdischen Gemeinde zu Berlin zu schreiben. Schließlich wird mein Sohn diese Einrichtung noch einige Jahre besuchen, und falls mein Humor dort nicht verstanden wird, muss der kleine Junge es womöglich ausbaden.

Oder, viel wahrscheinlicher: seine Mutter! Aber nun kann ich nicht länger schweigen. Heute Morgen hat mir eine Erzieherin freudestrahlend erzählt, dass sie Oma wird. Natürlich habe ich ihr Masal Tow und alles Gute gewünscht. Und was macht sie? Sie starrt auf meinen Bauch, formt mit den Händen eine Kugel und fragt mich, wann mein Sohn endlich ein Geschwisterchen bekommt. Und zwar ein Mädchen!

Einen Jungen und ein Mädchen, so verlangt es die Mischna, muss eine jiddische Mamme in die Welt setzen, danach ist ihre Fortpflanzungspflicht erfüllt. Diese Stelle aus der mündlichen Tora kennt offenbar jede jüdische Frau, der ich begegne.

Irgendwie scheine ich Fruchtbarkeits-Eizes anzuziehen wie die Eizelle das Spermium. Und keine Begründung auf Erden scheint gut genug zu sein, um diese Mütter davon zu überzeugen, dass eine jüdische Familie auch mit einem einzigen Kind glücklich sein kann. Kaum mache ich einer Mama Komplimente zu ihrem süßen Neugeborenen (ich liebe Babys, ich schaue in jeden Kinderwagen), folgt die Frage: »Und? Was ist mit euch?«

Erwähne ich dann mein Geburtsdatum, bekomme ich zu hören, ich sähe aber wesentlich jünger aus. 41 oder 42 sei wirklich kein Alter. Außerdem gebe es ja schließlich Hormonbehandlung. Zwillinge seien doch toll! Ganz egal, was ich dagegenhalte: Ich komme damit nicht durch. Und wenn ich ausnahmsweise eine junge jüdische Mutter mit meinen Argumenten doch beeindruckt habe, kommt garantiert die zweite, küsst ihr drei Wochen altes Engelchen und fragt: »Und, was ist mit euch? Wollt ihr nicht auch noch so eines?«

Weil alles Reden also zwecklos ist, habe ich jetzt beschlossen, mich in der jüdischen Mütter-Community nicht mehr zum Thema Familienplanung zu äußern. Imahot und Saftot, habt ihr gehört? Das war mein letztes Wort in dieser Angelegenheit.

Um meine Position zu unterstreichen, werde ich mir morgen die Vorderzähne ziehen lassen, Anti-Botox zur Faltenvertiefung spritzen und alle Haare weiß färben, um endlich wie meine eigene Urgroßmutter auszuschauen. Aber wahrscheinlich wird mich auch die Babuschka-Masche nicht retten. Ich sehe schon die nächste jüdische Oma um die Ecke biegen und mir Eizes geben. Warum ich es nicht mit einer Eizellspende versuche? In Israel gebe es doch tolle Ärzte! Und ich sähe doch viel jünger aus als 64!

15
Wenn Religion auf Berliner Öffis trifft

19. September 2011

Nie im Leben würde ich mich über ein interreligiöses Dialogprojekt lustig machen. Denn was gibt es Schöneres, als wenn Juden, Christen und Muslime die Heiligen Schriften der anderen laut zum Besten geben? Jeder, der mitwirkt, tut Gutes. Wohl deshalb haben sich so viele Promis bereit erklärt, bei den Jüdischen Kulturtagen vier Tage lang im Herzen Berlins die Tora, das Neue Testament und den Koran vorzutragen.

Die Straßenbahn quietschte, die Autos dröhnten – doch unverdrossen standen berühmte Menschen wie Erzbischof Rainer Maria Woelki, Grünen-Chef Cem Özdemir und die Gemeindevorsitzende Lala Süsskind auf der Oranienburger Straße und redeten gegen den Verkehrslärm an.

Ich war Zeugin: Am ersten Morgen wischte sich Felix Leibrock, evangelischer Pfarrer und Mitinitiator, nach drei Stunden Vortrag aus dem Buch Genesis den Schweiß von der Stirn. Ein Angestellter der Gemeinde, auf dem Weg zu seiner Arbeit, meinte achselzuckend: »Der Mann tut mir leid. Er liest seit sieben Uhr morgens gegen die Straßenbahn an.«

Der Theologe aber bewies Standfestigkeit: »Ich finde das ja gerade das Spannende, dass man auf die Straße geht und auch zu den Straßenbahnen hin spricht«, erklärte er. Von 7 bis 22 Uhr dauerte der tägliche Lesemarathon; nur wenige Passagen fielen weg. Leider habe ich verpasst, wie Lea Rosh aus dem Markus-Evangelium vortrug.

Mir ist aber aufgefallen: Die Liste der Berliner Juden und Christen war lang. Doch warum konnte Leibrock nur zwei Muslime auftreiben? Weil er sich nur an deren Zentralrat und nicht an Berliner Moscheen gewandt hat? »Na ja, wir halten uns ein bisschen an die Hierarchien«, meinte der Pfarrer. In letzter Minute teilte die Pressevertretung der Jüdischen Kulturtage mit: Osamah Anis Al-Doaiss werde im Auftrag des Zentralrates der Muslime vorlesen. Schön, dachte ich mir, fragte mich aber: Wer ist dieser Mann?

Osamah entpuppte sich als 19-jähriger freundlicher Informatikstudent mit deutschen und jemenitischen Wurzeln, der den Koran in perfektem Deutsch und, soweit ich das beurteilen kann, auch in fehlerfreiem Arabisch vortrug. Kurz zuvor hatte Cem Özdemir seinen Auftritt: »Ihr sorglosen Weiber!«, intonierte er in perfektem Schwäbisch. Allerdings war ihm nicht bewusst, dass er gerade aus dem Buch Jesaja vorlas. Sein Vortrag hat trotzdem großen Eindruck hinterlassen.

Die Idee der Koexistenz, bekannte eine israelische Touristin im Vorbeigehen, erscheine ihr zwar ein bisschen utopisch. »Aber vielleicht ist ja ein neues Zeitalter gekommen, wenn ein Türke vor einer Synagoge die hebräische Bibel auf Deutsch liest?«, fragte die Israelin und rückte ihre Sonnenbrille zurecht.

16
Frustration am Feiertag

29. Mai 2012

Kennen auch Sie diese Tage, an denen Ihnen nichts auf der Welt überflüssiger erscheint, als Jude zu sein? Es begann damit, dass ich vor dem Eingang zum jüdischen Kindergarten beinahe plattgemacht worden wäre von einem BMW-Fahrer, der offenbar etwas gegen Verkehrsteilnehmer mit weniger PS hatte. Auf der Arbeit outeten sich dann alle meine Kollegen als Fans von Günter Grass und kritisierten Israel für seine Siedlungspolitik. Am Nachmittag saß ich alleine mit meinem Sohn auf dem Spielplatz; die anderen jüdischen Kinder wohnen in fernen Stadtteilen, und die Terminpläne ihrer viel beschäftigten Mütter sind selten unter einen Hut zu bekommen.

Missgelaunt half ich meinem Dreijährigen, Sand in seinen Eimer zu schippen, und fragte mich: Was bringt es, Jüdin zu sein? Ich bin Mitglied einer Gemeinde, in der sich alle erbittert hassen, als hieße der Feind nicht Amalek oder Ahmadinedschad, sondern Sissberg oder Dr. Schejn. Die Grabenkämpfe fordern so viel Kraft, dass niemand mehr Zeit hat, den Turnus der Gottesdienste auf der Gemeinde-Website einzupflegen.

Eigentlich wollte ich spontan an einem »Tikkun Leil Schawuot«, einer nächtlichen Tora-Lesung, teilnehmen, doch nur ein einziger Veranstaltungshinweis war online zu finden. Also buk ich alleine in meiner Küche den New York Cheesecake von Dr. Oetker und stellte mir geistreiche, freundliche Juden vor, mit denen ich gerne über die Tora diskutiert hätte. Aber wo in Berlin verstecken sich solche Juden? Ich fürchte, die Antwort weiß nur Gott alleine.

Aus Frust stopfte ich an Pfingsten den ganzen Käsekuchen in mich hinein und dachte über die Zukunft nach. Nie wird der Nahostkonflikt gelöst werden, und die Schuld daran wird man meinem Sohn geben. Günter Grass wird als Philosemit in die Geschichte eingehen, gemessen an den Gedichten, die seine Enkel verfassen werden. Die Website der Gemeinde wird auch in 50 Jahren nicht funktionieren, weil die Enkel von Sissberg und Dr. Schejn den Krieg auf Gemeindekosten weiterführen. Vielleicht einfach aussteigen, dachte ich mir? Etwas Besseres als das Judentum kann man überall finden!

Da kam mein kleiner Sohn angerannt und erzählte mir von der Schawuot-Feier in der Kita. Ich fragte: »Kennst du schon die Zehn Gebote?« Der Dreijährige sagte ernst: »Es gibt nur einen Gott. Man soll Mama und Papa lieb haben.« Und schon wurde ich weich wie Butter. Das ist natürlich auch so eine Masche von den Juden – kaum will man sich rarmachen, drücken sie auf die Tränendrüse. Aber vorerst hat mein Sohn die Mitgliederzahl meiner Gemeinde stabilisiert. Falls nach den Hohen Feiertagen wieder keine Gottesdienste auf der Website stehen, kann ich schließlich immer noch austreten.

17

Warum die Brit Mila eine Schönheits-OP ist

10. Juli 2012

Seit das Kölner Landgericht sich zum Retter des Abendlandes und die Brit Mila für illegal erklärt hat, bin ich eine begehrte Interviewpartnerin. Als Mutter eines Sohnes, der vor drei Jahren im Jüdischen Krankenhaus beschnitten wurde (das den Eingriff jetzt vom OP-Plan abgesetzt hat), habe ich zu diesem Thema einiges zu sagen. Zum Beispiel, dass ich meinem Sohn mit der Beschneidung vor Augen führen wollte, zu wem er gehört: zu einer jüdischen Familie.

Dass es dem Kleinen aber natürlich freisteht, der Mischpoche den Rücken zu kehren, falls er irgendwann genug von ihr hat. Ich wette darauf, dass die fehlende Vorhaut unsere religiösen Konkurrenten nicht davon abhalten wird, den Jungen in ihren Reihen willkommen zu heißen, sollte er auf die Idee kommen, Buddhist, Maoist oder Christ werden zu wollen. Schließlich, so argumentierte ich in einem Radiointerview, sei selbst Jesus beschnitten gewesen und habe dennoch eine neue Religionsgemeinschaft ins Leben gerufen.

Es gibt allerdings Dinge, die man in einem öffentlich-rechtlichen Interview nicht sagen kann. Nämlich: Beschnittene Männer sehen einfach besser aus. Das werden die Unbeschnittenen nie verstehen, aber es ist nun mal so. Mit dieser Meinung bin ich unter Jüdinnen nicht alleine. Neulich in der Synagoge habe ich ein Gespräch mit angehört, bei dem alle Frauen die Brit Mila als Schönheitsoperation bezeichneten. Aber vielleicht sollten wir das für uns behalten, sonst werden in Kürze Männergruppen für Opfer jüdischer Frauengewalt ins Leben gerufen. Und männerbewegte Theologen werden beweisen, dass hinter der Brit Mila eine Frau steckt: Denn als sie Abraham aufforderte, sich zu beschneiden, übte sie bloß …

Ein geplantes Interview mit einer großen Wochenzeitung, die alle jüdischen Kindergärten in Berlin abgeklappert hatte, platzte, als die Redaktion von mir erfuhr, dass ich nicht schwanger bin und nichts zu dem Dilemma von Eltern sagen kann, die gerade verzweifelt einen Mohel suchen.

Dafür wurde ich neulich im Volkspark Schöneberg angequatscht. »Du machst doch jüdische Sendungen?«, sagte ein Vater am Sandkasten. »Kann ich dich mal was fragen?« Dann wollte er wissen, welche Rolle das Judentum den Nichtjuden einräume – die Ägypter seien ja bereits ins Meer geworfen worden. Ich murmelte etwas von den Noachidischen Geboten – und dass Gott im Prinzip nichts gegen Nichtjuden habe, ganz im Gegenteil.

»Du bist mir jetzt doch nicht böse?«, fragte der Mann. »Gar nicht, ich finde es gut, dass wir offen darüber reden«, versicherte ich, ganz aufgeschlossene Jüdin: »Ich dachte schon, du willst über die Beschneidung diskutieren.« »Und?«, fragte mein Bekannter und schaute schamlos in Richtung meines Sohnes, »habt ihr euch einer kriminellen Handlung schuldig gemacht?« Da hatte ich genug von den offenherzigen Gesprächen. »Das ist Privatsache«, sagte ich, nahm meinen Kleinen an der Hand und zog von dannen.

18
Warum Engel nicht bei Steuererklärungen helfen

11. September 2012

Was hätten Sie geantwortet, wenn sich kurz vor Rosch Haschana ein Mal'ach HaScharet, ein Dienstengel aus dem Heiligen Land, in Ihrem Wohnzimmer niedergelassen und Sie nach Ihren Wünschen für das Jahr 5773 gefragt hätte? Sie werden es nicht glauben, mir ist das wirklich passiert.

Ein echter Dienstengel mit blonden Locken, einem langen weißen Bart und wunderschönen Flügeln flatterte zum Balkon herein, landete auf unserem Sofa und fragte auf Hebräisch: »Efschar Laasor? Kann ich dir irgendwie helfen?« Ich war begeistert und bat das himmlische Wesen: »Könntest du meine Steuererklärung für 2011 abschließen? Bitte, setz dich sofort daran, wenn Rosch Haschana vorbei ist.« Was tat der Engel? Er breitete die Flügel aus und flog zum Fenster hinaus. Ich ärgerte mich – und wusste, es war meine eigene Schuld. Mit meiner banalen Bitte hatte ich den einzigen jüdischen Dienstengel vergrault, der je in meinem Wohnzimmer gesessen hatte.

Nun bleibt mir nichts übrig, dachte ich, nach Rosch Haschana muss ich mich selbst an die Steuererklärung setzen. Und falls ich es bis Jom Kippur nicht geschafft haben sollte, werde ich einen Grund mehr haben, beim Kol Nidre in der Synagoge inbrünstig mitzusingen.

Schließlich habe ich meinem Mann schon im Sommer hoch und heilig versprochen, endlich mit dem Steuerkram fertig zu werden (er glaubt nämlich, wir bekämen Geld zurück). Schewikin, Schewitin, mögen alle meine Schwüre und Gelübde null und nichtig sein – und der Zorn verrauchen! Sicherheitshalber rief ich meinen Steuerberater an und beantragte bei meinem Finanzamt eine Fristverlängerung.

Aber den Engel hatte ich unterschätzt – er drehte über unserer Straße ein paar Runden und flog wieder zurück auf meinen Balkon. »Ich würde dir gerne helfen«, sagte er freundlich, »aber ich bin so schlecht im Rechnen. Hast du nicht noch einen anderen Wunsch?« »Ja, lieber Engel«, sagte ich erleichtert, »ich habe ein echtes Herzensanliegen. Lass die Beschneidungsdebatte bald enden. Spätestens zu Sukkot möchte ich nichts mehr hören von Kindheitstraumata, Körperverletzung und auch nicht von Oberrabbinern. Finde ein anderes Thema für die Deutschen und gib uns Frieden.« Der Engel wiegte sein schönes Haupt. »Weißt du«, sagte er, »die deutsche Volksseele ist schwieriger zu verstehen als das Wesen der Frauen. Soll ich dir nicht lieber eine achtspurige Autobahn über den Atlantik bauen?«

»Nett gemeint, aber was soll ich mit einer Autobahn?«, fragte ich den Engel. Der schüttelte sein blond gelocktes Haupt und lächelte sanft. Ich begann, die Unterhaltung unbefriedigend zu finden. Würde der Engel mir auch einen dritten Wunsch abschlagen? »Könntest du meine Versöhnungsmissionen für Jom Kippur übernehmen?«, fragte ich. »Bitte alle meine Redakteure, an deren Deadlines ich mich nicht gehalten habe, um Entschuldigung.«

»Warum?«, fragte das Flügelwesen, »du kennst sie doch viel besser als ich!« Dann lächelte er gütig, zog einen Topf Honig aus der Tasche, stellte ihn auf den Balkon, wünschte: »Schana towa! Ein gesegnetes und süßes neues Jahr!«, und flog wieder davon.

19

Mazze geht immer: Warum im Jüdischen Museum Berlin Feiertage nicht so wichtig sind

30. September 2013

»Rosch-Haschana-Fest im Jüdischen Museum«, schrieb die *Bild*-Zeitung in ihrer Berliner Ausgabe vergangene Woche. »300 Gäste aus Wirtschaft, Kultur und Politik begrüßten gestern nach jüdischer Zeitrechnung das Jahr 5774.« Leider erschien der Artikel an Simchat Tora – gut drei Wochen nach Rosch Haschana. Dass das Jüdische Museum Berlin seinen Neujahrsempfang auf Erew Simchat Tora gelegt hatte, dürfte den Gästen kaum bewusst gewesen sein.

Vielleicht ist dem einen oder anderen aber aufgefallen, dass an diesem Abend auffällig wenig Fromme zu sehen waren. Praktizierende Juden mussten nämlich zu einer anderen Party – in die Synagoge, wo sie Kindern Bonbons zuwarfen, um ihnen die Tora schmackhaft zu machen. Aber mit zu vielen Informationen über unsere zahlreichen Feiertage sollte man Nichtjuden nicht verwirren, sonst verlieren sie noch den Überblick.

Von der Flexibilität des Jüdischen Museums können wir alle nur lernen. Man sollte die Feste so feiern, wie sie in den eigenen

Terminkalender passen. Dann könnten wir den Feiertagsmarathon im September entzerren, die Laubhütten erst im November bauen und das Torafreudenfest auf den 6. Dezember legen (Sie wissen, der legendäre Tag vor 5774 Jahren, als Sankt Nikolaus die Tora an Mosche übergab).

Chanukka wäre im Februar dran, und Tu Bischwat könnten wir Ende April begehen, wenn in der Diaspora die Bäume blühen. Übrigens, bei einem Besuch des Jüdischen Museums vor einiger Zeit im Sommer (oder war es beim damaligen Chanukka-Markt?) war ich perplex, als ich auf den Programmpunkt »Mazzebacken« stieß. »Warum wartet ihr nicht bis Pessach?«, fragte ich die junge Frau, die Kinder in authentisch-jüdische Backfreuden einführte, und erhielt zur Antwort: »Mazze geht immer!«

Finde ich auch. Mazze geht immer – und das vor allem zur Weihnachtszeit. Sie ist bekömmlich, kalorienarm und Lebkuchen und Spekulatius unbedingt vorzuziehen. Der Haken ist: Die meisten Juden mögen keine Mazze. Deswegen essen sie ungesäuertes Brot an maximal acht Tagen im Jahr.

Aber auf die Juden kommt es gar nicht an, denn das Jüdische Museum hat einen Bildungsauftrag zu erfüllen. Und warum sollte man unsere nichtjüdischen Mitbürger – nette Menschen, die freiwillig eine jüdische Einrichtung betreten – mit jedem Detail unserer komplizierten Religion behelligen? Freuen wir uns lieber auf den nächsten Neujahrsempfang im Jüdischen Museum und hoffen, dass er nicht an Tischa beAw stattfindet. In diesem Sinne: »Happy New Year!«

20
Warum Frauen am Steuer nicht nur unzüchtig, sondern auch teuer sind

2. Dezember 2013

Es kommt selten vor, dass mein Mann Verständnis für die Ansichten eines Rabbiners zeigt. Auch weigert er sich beharrlich, mich und unseren Sohn am Schabbat in die Synagoge zu begleiten, mit der Begründung, er habe in seiner Jugend mehr als genug gebetet.

Doch als Rabbi Amnon Yitzchak – in Israel mit seiner Liste zur Knessetwahl gescheitert – unlängst erklärte, Frauen gehörten nicht ans Steuer, und ich meinem Mann empört davon berichtete, lächelte er süffisant, anstatt sich aufzuregen.

»Wir würden eine Menge Geld sparen, wenn du S-Bahn statt Auto fahren würdest«, behauptete er und rechnete mir die angeblich vierstelligen Kosten vor, die ich durch Umsetzen wegen Falschparkens und eine Schramme an einem anderen Wagen verursacht hätte. Das Einzige, was ich an dieser Stelle einräume, ist die Geschichte mit dem Kratzer. Gebüßt habe ich auch schon: Die Versicherung hat mich empfindlich hochgestuft.

Allerdings ist mir das Malheur einzig und allein im Dienst der jüdischen Sache passiert. Auf einem Parkplatz habe ich im

Dezember 2012 ausschließlich an den Radiokommentar zum Beschneidungsgesetz gedacht, dessen Deadline näher rückte, statt an den Abstand zu der Karre, die neben mir parkte. Wer außer dem Besitzer des geschrammten Wagens sollte mir das vorwerfen dürfen? Bestimmt nicht Amnon Yitzchak, dessen Rechte – ich nehme an, er hat diverse beschnittene Söhne – ich mitverteidigt habe!

Aber setzt sich der Rabbi im Gegenzug für meine Rechte als Frau ein? Nichts da, Yitzchak behauptet, Auto fahrende Frauen benähmen sich »unzüchtig«, und »nur viert- und fünftklassige Rabbiner« würden weiblichen Personen erlauben, einen Wagen zu steuern. Und was ist Yitzchaks Begründung?

In alten jüdischen Quellen sei kein Hinweis darauf zu finden, dass Frauen einst Pferdekarren gezogen hätten – diese Tätigkeit sei Männern vorbehalten gewesen. Was damals galt, könne heute nicht falsch sein, schließt der Rav aus den Schriften der Weisen: Das Weib fahre also mit der S-Bahn. Am besten wahrscheinlich in einem per Mega-Mechize abgetrennten hinteren Abteil des Wagens, um bei Männern keine unzüchtigen Gedanken aufkommen zu lassen.

Leider steht Rabbi Yitzchak mit seinen Ansichten in Israel, der einzigen Demokratie des Nahen Ostens, nicht allein. Auch den Gerer Chassidim sind Frauen am Steuer ein Gräuel. Fehlte nur, dass unsere Hardcore-Weisen so weit gehen wie der saudiarabische Kleriker Sheich Saleh al-Lohaid, der unlängst erklärte, Auto fahrende Frauen gefährdeten durch Einquetschen ihres Beckens hinter dem Steuer die Funktion ihrer Eierstöcke – und brächten daher missgebildete Kinder zur Welt.

Aber mein Mann winkte nur ab, als ich ihm von dieser erschütternden Äußerung berichtete: »Was interessieren mich diese orientalischen Spinner? Ich habe gerade deinen neuesten Strafzettel bezahlt«, meinte er lakonisch.

21

Wie ich einen Panikanfall an der Kotel überwunden habe

23. April 2014

Mehr Religion, mehr Hebräisch – jüdische Pädagogen sind sich einig: So viel Tradition wie möglich für unsere Kinder! Und das selbstverständlich nicht nur in Kita und Schule, sondern auch zu Hause – und in den Ferien. Bei meinem jüngsten Israel-Urlaub habe ich deshalb wie alle guten Diaspora-Mütter meinem Sohn die Kotel in Jerusalem gezeigt. Allerdings verlief der Besuch anders als erwartet und hat mich in heftigste Selbstzweifel gestürzt.

Zunächst verhielt sich der Fünfjährige altersgemäß. Am Eingang zur Altstadt, am Jaffa-Tor, verlangte er nach einem Eis, dann nach einem Sesamkringel. Als mein Mann und ich es endlich geschafft hatten, ihn zur Kotel zu lotsen, war mein Sohn enttäuscht: »Wo ist der Tempel?«

»Der Tempel ist nicht mehr da, den haben die Römer kaputt gemacht«, erklärte ich und versuchte zu trösten: »Aber die Westmauer ist noch da. Guck mal, da vorne. Du kannst dir was wünschen. Schreib es auf diesen Zettel und stecke ihn zwischen die Steine.« Ich erwartete »Neues Fahrrad« oder »Zwei Kugeln Eis«. Mein frühreifer Sohn nahm Bleistift und Zettel – und schrieb, ohne nachzudenken: »ICH WÜNSCHE MIR, DASS DER TEMPEL ZURÜCKKOMMT!«

Ich wurde bleich. Vor meinem geistigen Auge erschien ein 25-Jähriger mit extrabreiter Kippa bis zur Nasenspitze, Anhänger der »Neemanei Har Habait«, verheiratet mit einer Siedlerin aus Jitzhar. In meiner Küche würde er nie wieder essen. Mir vielleicht nie wieder die Hand geben. Ich musste meinen Sohn davon überzeugen, dass die Wiederkehr des Tempels ein frommer Wunsch bleiben sollte. »Schau mal«, sagte ich, »da, wo früher der Tempel stand, ist jetzt das große Haus mit der goldenen Kuppel. Wenn man das Haus abreißt und den Tempel wieder aufbaut, gibt es Ärger.« Der Fünfjährige sah mich verständnislos an.

»Es ist schön, einen Tempel zu haben«, belehrte ich ihn, »aber heute gehen wir in die Synagoge, das ist genauso gut. Weißt du, früher im Tempel gab es nicht nur die Priester. Sondern auch Leute, die nicht nett waren.« »Wer?«, fragte mein Sohn. »Die Leute, die damals Eis und Sesamkringel verkauft haben. Alles viel zu teuer. Und dann kam ein Mann, der hieß … äh … Brian … Der hat gesagt, hier ist doch nicht Karstadt, und hat die Leute aus dem Tempel verjagt!« Aus dem Augenwinkel sah ich, wie mein Mann die Augen verdrehte. Er schien meine Version des Neuen Testaments zu missbilligen. Mein Sohn sagte: »Kann ich noch ein Eis haben?«

Das holte mich auf den Boden der Tatsachen zurück. Der Kleine hatte den Zettel geschrieben, weil er dachte, dass ich, seine Mutter, es so erwarte – und jetzt wollte er seine Belohnung! »Aber nur noch dieses eine«, sagte ich. Und war beruhigt: Anscheinend habe ich bei der Erziehung doch nicht alles falsch gemacht. Es gibt Anlass zur Hoffnung!

22

Warum eine jüdische Fußball-Opportunistin auf den deutschen WM-Sieg hofft

17. Juni 2014

Wirklich schade, dass mein Mann sich geweigert hat, zusammen mit mir das erste deutsche WM-Spiel in der Kneipe zu verfolgen. Dann hätte er mit eigenen Augen sehen können, wie begeistert ich die Tore von Müller, Hummels, Müller und Müller beklatscht habe. Mit mindestens so viel Hingabe wie Angela Merkel in ihrem orangenen Blazer! Und das, obwohl die wunderbare Stimmung des deutschen Sommermärchens von 2006 – zumindest bei mir – nicht wieder aufkam.

Auf die deutsche Mannschaft stolz zu sein, ist in Berlin-Kreuzberg inzwischen so stinknormal wie anderswo, und Public Viewing ein einträgliches Business auch für alternative Eckkneipen. Im zunehmend gentrifizierten Graefekiez schwitzten die Kellnerinnen in schwarz-rot-goldenen Röckchen, die Fußballfans hatten ihre schwarz-rot-gold geschminkten Kinder mitgebracht und geißelten das Foul von Pepe gegen Müller mit germanischer Verbissenheit: »Das geht aber gar nicht!« Egal, es war ein tolles Auftaktspiel, vielleicht der erste Schritt zur deutschen Weltmeisterschaft 2014. Und ich war live dabei!

Doch Public Viewing kommt für meinen Mann grundsätzlich nicht infrage – er sitzt lieber alleine vor der Glotze und fachsimpelt. Als ich nach dem 4:0 beseelt nach Hause kam, verdrehte er nur die Augen und stellte fest, das Spiel sei einseitig, die Portugiesen nur »Kanonenfutter« gewesen. Ich hätte keinen Durchblick und sei überhaupt nicht in der Lage, die Leistung der Deutschen angemessen zu beurteilen.

Mein Mann hält mich für eine Fußball-Opportunistin. Alle zwei Jahre, behauptet er, würde ich Interesse am Schicksal der deutschen Nationalmannschaft vortäuschen, während ich weder an der Bundesliga noch an der Champions League jemals wahren Anteil genommen hätte. Mittlerweile ist er sogar davon überzeugt, dass ich im Sommer 2008 während der EM die interessierte Zuschauerin nur deshalb gemimt hätte, um meine Chancen auf einen Heiratsantrag seinerseits zu steigern. Das ist natürlich Quatsch. Ich weiß genau, dass er mich wegen meiner Schönheit und Intelligenz geheiratet hat, nicht wegen eines Spiels, das nur 90 Minuten dauert.

Womit mein Mann allerdings recht hat: Ich verstehe nicht viel von Fußball. Stellen Sie mir keine Abseitsfragen! Eines aber steht für mich fest: Wir müssen gewinnen. Warum sollten sich Schweini, Podolski, Lahm & Co wieder mit Platz 3 begnügen, um dann am Brandenburger Tor gefrustet Bälle in die Menge zu werfen? Ich finde: Die Zeiten, als es in jüdischen Kreisen zum guten Ton gehörte, auf die Niederlage der Deutschen zu hoffen, sind passé.

Und auch wenn es mir aufrichtig leidtut für alle, die im Charlottenburger Kant-, Uhland- oder Leibnizkiez wohnen und unter den Hupkonzerten leiden werden: Ich will ein neues Sommermärchen. *’54, ’74, ’90, 2014*!

23
Warum ich mich schon jetzt auf den 101. Geburtstag meines Onkels freue

21. Juli 2014

Zu seinem 98. Geburtstag habe ich meinem Onkel Rudi das Buch *Der Hundertjährige, der aus dem Fenster stieg und verschwand* geschenkt. Zwei Jahre später hat mich Rudi – Jahrgang 1914 – zu seinem 100. Geburtstag nach Israel eingeladen. Als ich schon im Flugzeug saß, fragte ich mich: Würde uns Rudi (wie der Romanheld) mit der Marzipantorte allein lassen? Oder würde er die Party wegen der »Lage« absagen?

Am 16. Juli landete ich um vier Uhr morgens in Ben Gurion. Um sechs legte ich in Herzliya den Kopf aufs Hotelkissen, um vor der Party noch ein bisschen zu schlafen. Um neun hörte ich Sirenen. Ich stolperte ans Fenster, sah vom zehnten Stock aus live, wie der »Iron Dome« am Himmel eine Rakete der Hamas abschoss. Unten im Swimmingpool zogen Hotelgäste weiter ihre Bahnen. »Findet die Party statt?«, fragte ich. »Klar«, sagte meine Mutter, »glaubst du, Rudi lässt sich das entgehen?« Ich stand auf und zog mein schönstes Kleid an. Dann fuhren wir nach Nordiya.

Nordiya ist ein Moschaw bei Netanya. Dort gibt es ein gediegenes Altersheim, das beim Schawuot-Konzert der Rolling Stones in die Schlagzeilen geriet. Rudi (damals noch 99) bekam von der Leitung der Einrichtung eine Karte geschenkt. Bei 44 Grad im Schatten ging er zum Konzert und gab danach Radiointerviews. Ganz Nordiya war stolz auf ihn.

Als wir eintrafen, standen um die 100 Gäste schon um den Swimmingpool herum. Rudi trug ein T-Shirt mit der Aufschrift »Rudi 100«, schüttelte Hände und machte mit seiner Trommelgruppe Musik. Alles, was es zum Thema »Raketen« zu sagen gibt, hat er mir schon vor acht Jahren erzählt. Die Party zu seinem 92. Geburtstag musste ausfallen, weil die Hisbollah Haifa attackierte und seine Kinder im Bunker saßen. O-Ton Rudi von 2006: »An meinem ersten Tag als Einwanderer in Palästina sind wir von arabischen Kämpfern beschossen worden, als wir im Bus nach Jerusalem fuhren. Für mich ist das alles nichts Neues.«

Ich fragte nicht nach der »Lage«. Ich diskutierte nicht mit ihm darüber, warum es so gekommen ist. Ich holte mir Schokomuffins vom Büfett. Dann sahen wir einen Film, der extra zu Rudis 100. Geburtstag gedreht worden war.

Als mein Onkel vier Jahre alt war, hat er Kaiser Wilhelm auf seinem Pferd gesehen. Er konnte Berlin 1938 mit einem britischen Zertifikat verlassen. 1947 hat er eine Pension in Haifa gekauft, die in Wirklichkeit ein Stundenhotel war, und es erst bemerkt, als der Vertrag schon unterschrieben war. Seinen kleinen Bruder hat er in Auschwitz verloren. Es ist nicht selbstverständlich, dass mein Onkel 100 Jahre alt geworden ist.

Natürlich ist er nicht aus dem Fenster geklettert. Er hat uns alle begrüßt und verabschiedet – jeden Einzelnen. Und als ich ihn nach der Party anrief, um mich zu bedanken, sagte er: »Es ist noch nicht vorbei. Wir machen weiter.« Ich freue mich jetzt schon auf seinen 101. Geburtstag!

24
Warum ich keine »Opfer-Likes« auf Facebook sammele

21. August 2014

Ich neige nicht zu Paranoia – jedenfalls nicht, wenn ich gut geschlafen habe. Seit ein paar Wochen schlafe ich schlecht. Es fing an mit dem Krieg in Gaza und wurde nicht besser mit Anti-Israel-Demos und neuen Molotowcocktails gegen Synagogen im alten Europa.

Die einzige gute Nachricht dieser Tage war, dass Starbucks nicht in Israel investiert – mit der Begründung, die Partnerschaft sei schon 2003 wegen »on-going operational challenges« aufgelöst worden. Schade, dass ich nicht früher von dieser »einvernehmlichen Entscheidung« wusste. Nun habe ich endlich einen Grund, mein Geld nicht mehr für überteuerten Latte macchiato aus dem Fenster zu werfen, nur weil ich morgens nicht bis zum ersten Bürokaffee warten kann. »Fair trade« à la Starbucks – ohne mich!

Dann rief ein Journalistenkollege an. Ein prominenter jüdischer Gast seiner Sendung habe kurzfristig abgesagt. Er brauche dringend Ersatz. Ob ich ein zweieinhalbminütiges Betroffenenstatement abgeben könne zum Thema »Heulen, Schlottern und Zähneklappern: Sitzen Deutschlands Juden auf gepackten Koffern?«.

Besonders mutig wäre es, wenn ich meine schlimmsten Albträume preisgeben würde, ermunterte mich der Kollege. Zum Beispiel: Wie würde ich mich fühlen, sollte meine Berliner Synagoge in Flammen aufgehen? Würde ich nach Israel auswandern? Mit welcher Fluggesellschaft? Ich überlegte kurz: Meinen Koffer hatte ich noch nicht ausgepackt, seit ich aus meinem Israel-Kurzurlaub, drei Raketenangriffe inklusive, zurückgekommen war. Also wäre ich, verängstigt, mit Augenringen und stets gepacktem Rollkoffer (samt Klebeband von El Al Up) der ideale jüdische Talkgast gewesen.

Trotzdem habe ich mir den Auftritt erspart, obwohl er mir eine Menge »Opfer-Likes« auf Facebook eingebracht hätte. Erstens fürchte ich mich, wenn überhaupt, nur privat. Öffentlich singe ich das Eurovisions-Lied von Ofra Haza: *Chai, Chai, Chai!* Zweitens habe ich keinen Grund, mich zu fürchten. In Sderot ist alles noch viel schlimmer, von Gaza ganz zu schweigen. Und während ich vom Schreibtisch aus den Antisemitismus bekämpfe, scheint draußen die Sonne.

Am Sonntag bin ich sogar mit einer Magen-David-Halskette an einem Brandenburger See spazieren gegangen, um mir zu beweisen, dass mich der Feind nicht schreckt. Mit hundertprozentigem Erfolg: kein Antisemit weit und breit. Sie wagten sich einfach nicht in meine Nähe.

Für alle, die sich (ganz im Geheimen) trotzdem Sorgen machen sollten, noch eine kleine hübsche Geschichte: Neulich hat eine jüdische Bekannte aus dem Ausland eine katholische Freundin in Deutschland besucht und ihr erzählt, dass Juden in Europa um ihre Zukunft fürchten. Die deutsche Katholikin aber versicherte ihr, hierzulande könne Juden nichts passieren. Denn: »Antisemitismus ist in Deutschland verboten!« Das beruhigt ungemein. Oder?

25
Ab heute heißt du ZARA: Shopping-Probleme einer jüdischen Mutter

2. September 2014

»Schon möglich, dass ich paranoid bin, sie können trotzdem hinter mir her sein« – den alten Witz kennen Sie bestimmt. Ich bemühe mich nach Kräften, nicht paranoid zu sein. Obwohl ich zugeben muss: In der letzten Zeit kommen mir Beziehungsideen, die ich früher so nicht kannte. Zum Beispiel neulich im Kino, als vor dem Film der alte Trailer mit den hübschen Sternen und den vielen europäischen Kinostädten über die Leinwand flimmerte.

Wie immer erwartete ich, auf der linken Seite Tel Aviv zu entdecken – doch das Design war verändert, die israelische Stadt fehlte. Obwohl auch Ramallah nicht auftauchte, witterte ich sofort eine Verschwörung der EU gegen den jüdischen Staat. Erbittert saß ich im Kinosessel, stopfte Gummibärchen in mich hinein und dachte über Alija nach.

Am nächsten Tag wurde ich auf das »Streifenshirt ›Sheriff‹ mit Knopfleiste« im Internet aufmerksam. Das blau-weiß geringelte Hemd der spanischen Firma ZARA für Kinder im Alter von drei Monaten bis dreieinhalb Jahre war durchaus niedlich, erinnerte mit dem gelben Stern in Brusthöhe aber fatal an eine KZ-Uniform. Nach einem Proteststurm auf Facebook nahm die Firma das T-Shirt umgehend vom Markt und erklärte, das Design sei ausschließlich von Sheriffsternen inspiriert worden.

Dass das T-Shirt in der Türkei hergestellt wurde, regte die Fantasie jüdischer Paranoiker weltweit an: Höchstwahrscheinlich stecke Erdoğan dahinter, um jüdische Mütter zu provozieren, so lautete eine der Verschwörungstheorien. Obwohl mein Sohn aus dem Alter für Sheriff-T-Shirts längst herausgewachsen ist, fühlte ich mich von dieser Theorie irgendwie angesprochen. Jüdische Mütter beziehen immer alles auf sich – und halten sich für den Nabel der Welt. Klar, dass sie mehr Feinde haben müssen als Sheriffsterne am Himmel hängen.

»So ein Quatsch«, meinte der Kollege, der seit 20 Jahren lustvoll den Untergang des europäischen Judentums heraufbeschwört, aber immer noch in Charlottenburg lebt. Er will nicht an die türkische Attacke aus dem Mode-Hinterhalt glauben. Aber wenn es keine Absicht war, was dann?

Bei ZARA werde ich in absehbarer Zeit jedenfalls nicht mehr einkaufen. Stattdessen gehe ich lieber zu H&M. Zwar kommen aus Schweden momentan auch nur schlechte Nachrichten, was die Juden angeht. Doch die schwedische Modekette hat gerade ein Shirt mit einem Zitat von Hillel auf den Markt gebracht: »Wann, wenn nicht jetzt?«

Laut H&M-Sprecherin war das Hemd eines der meistgekauften Kleidungsstücke des Sommers. Ich habe mir das Teil im Internet angeschaut: Es hat leider keine Ärmel und ist eher für 17-Jährige geeignet. Wieder ein Angriff auf jüdische Mütter! Nur knackige jüdische Töchter können sich über so ein fetziges Shirt freuen. Schon möglich, dass ich paranoid bin: Aber vielleicht ist auch keiner hinter mir her?

26
Warum Purim kein Kinderspiel ist

9. März 2015

Leider lag ich an Purim krank im Bett und habe die Lesung der Esther-Rolle in der Synagoge verpasst. Mein kleiner Sohn hat mich – wenn auch nicht aus eigenem Antrieb – würdig vertreten, sofern man das von einem Jungen, der gerade sechs Jahre alt geworden ist, überhaupt sagen kann.

Große Begeisterung scheint der (von der Kita organisierte) Besuch aber nicht ausgelöst zu haben. »Wie war es in der Synagoge?«, fragte ich am Abend danach. »Gut«, sagte er mürrisch und machte das Gesicht eines zukünftigen Nicht-Beters. »Ihr seid doch mit dem Bus gefahren?«, hakte ich nach. Prompt hellte sich sein Gesicht auf – und er beschrieb mir in allen Einzelheiten den Fahrtweg von Berlin-Wilmersdorf nach Mitte (»erst ein Umweg nach Süden, dann zum Adenauerplatz und zum Großen Stern … dann hat der Bus geparkt und wir sind zur Synagoge gelaufen!«).

»Habt ihr die Esther-Rolle gehört und gerasselt, als sie ›Haman‹ gesagt haben?«, wollte ich wissen. Mein Sohn schob wieder schmollend die Unterlippe nach vorne: »Sie haben so lange gebetet. Auf Hebräisch. Ich hab's nicht verstanden.«

Ich auch nicht. Hätte eine Lesung auf Deutsch im Kindergarten denn nicht gereicht? Schließlich war mein Sohn so begeistert, der Vorleser im Esther-Haman-Mordechai-Theaterstück der Fünfjährigen zu sein, dass er tagelang von nichts anderem mehr reden konnte. Purim-Spaß kann ein Kinderspiel sein … Aber am fröhlichsten jüdischen Feiertag scheint es sich zum denominationsübergreifenden Wettbewerb entwickelt zu haben, wie viele Stunden die Kleinsten sich vor, während und nach der Megilla-Lesung langweilen sollen.

Ich weiß, wovon ich rede: Vor drei Jahren habe ich mit meinem Sohn eine Purim-Party in einem jüdischen Familientreff besucht. Plötzlich enterten zwei Lubawitscher den Saal und begannen, die Megilla auf Hebräisch vorzutragen. Nach zwei Minuten fingen die ersten Dreijährigen an zu weinen. Nach fünf Minuten protestierte eine israelische Mutter: »Kfija Datit!« (»Religiöser Zwang!«).

Nach zehn Minuten hatte sich der Saal fast völlig geleert. Gegen Ende der Lesung waren nur noch zwei Eltern und ein schlafendes Baby zugegen. Doch die angehenden Rabbis strahlten und verteilten, als die Kinder in den Raum zurückkehrten, Mischlochei Manot: für jeden ein Riesenpaket aus Pappe, darin eine winzige Tüte Chips. Mizwa ist Mizwa! Wer sagt, dass es Spaß machen soll?

Ich habe mir übrigens kurz vor dem Fest *Die Geschichte von Purim – Das Buch Esther für Kinder* besorgt. Diese witzige Fassung der Megilla habe ich meinem Sohn an Erew Purim vorgelesen. Jedes Mal, wenn ich »Haman« sagte, rief mein Sohn: »AAAA-AAAARGH!« Dann sind wir eingeschlafen, der Kleine mit einem Lächeln im Gesicht. Ob wir die Mizwa erfüllt haben? Fraglich. Aber Spaß hat es gemacht.

27

Der Pessach-Muffel oder: *Let my people go!*

23. März 2015

Alle Bitten und Überredungsversuche haben nichts genützt. Mein Mann weigert sich in diesem Jahr rundheraus, Pessach zu feiern. Dabei habe ich ihm zuliebe sogar darauf verzichtet, einen Seder für andere Kleinfamilien zu organisieren, was tagelangen Vorbereitungsstress kurz vor dem Urlaub bedeutet hätte.

Stattdessen wird es bei uns zu Hause einen Minimal-Seder geben – verkürztes Haggada-Lesen, mit der Mazze krümeln und Afikoman-Suchen. Am zweiten Sederabend schließen mein Sohn und ich uns einem Minjan in Berlin an, der alles für uns organisiert. Wir müssen keinen Handschlag tun – nur bezahlen, essen und singen.

Doch nicht einmal dazu ist mein Mann bereit. »Mazze und Gefilte Fisch? Lecker ...«, sagte er sarkastisch und verdrehte die Augen. »Du glaubst doch nicht, dass ich da freiwillig hingehe.« Zu seiner Entschuldigung kann ich nur anführen, dass mein Mann in der DDR aufgewachsen ist und alles hasst, was irgendwie nach Kollektiv schmeckt.

Doch was Pessach angeht, ist er schlicht verbohrt. Seit wir uns kennen, tut er so, als wäre das wunderbare Fest eine einzige Folter.

»Wieso singt ihr den ganzen Abend und esst schreckliches Zeug – wegen einer Story, an die ihr sowieso nicht glaubt?«, fragte er mich nach unserem ersten gemeinsamen Sederabend. »Oder willst du etwa behaupten, dass Moses wirklich das Rote Meer geteilt hat?« Dabei geht es doch gar nicht um die Story. Schon eher um das Essen.

Aber vor allem geht es um die Erinnerungen. Doch dazu muss man wohl eine riesige jüdische Familie haben, die jahrelang in Israel in voller Besetzung um den Sedertisch saß. Noch heute bekommen wir feuchte Augen, wenn wir die Fotos anschauen: Weißt du noch damals, als Tante Mirjam die Gefilte Fisch gemacht hat – köstlich, unübertroffen? Und damals, als Onkel Rudi mit der Faust auf den Tisch schlug und mit schwerem Berliner Akzent sang: »Be chol dor-we-dor« (»In jeder Generation standen sie gegen uns auf …«)?

Fast jeden Frühling haben wir zusammen gefeiert, vor allem uns selbst – eine Familie mit sieben Geschwistern, die in den späten 1930ern aus Berlin entkommen konnte. Aber wie kann das jemand verstehen, der nie von Tante Mirjams Gefilter Fisch gekostet hat?

Ich gebe zu, der letzte Seder war eine harte Prüfung. Wir waren in Österreich und schlossen uns einer kleinen Gemeinde an. Die Mitglieder waren alt und mürrisch, die Unterhaltung schleppend, die Gefilte Fisch nicht ganz frisch.

Während die Kinder tobten und sich die Finger in der Tür einklemmten, saß mein Mann in der Ecke und stöhnte: »*Let my people go!*« Seitdem behauptet er, er habe genug Opfer für die Juden gebracht. Er hat mich geheiratet und dreimal mit mir Pessach gefeiert – und damit den Kelch bis zur Neige ausgetrunken. Was soll ich dazu noch sagen? LeChaim! Ich hoffe, die Gefilte Fisch beim Berliner Minjan sind wenigstens besser als die vom vergangenen Jahr.

28
Warum Eltern nicht von der Schule träumen sollten

11. Mai 2015

Nie war ich einer dieser glücklichen Menschen, die immer gut schlafen, aber die Schulwahl in der Hauptstadt gibt mir den Rest. Morgens um vier schrecke ich aus bösen Träumen hoch: Mein Sohn wird von Antisemiten zusammengeschlagen.

Oder ich sehe die GSG 9 vor jüdischen Schultoren auflaufen, auf der Suche nach irgendeinem Cousin von Amedy Coulibaly[1]. Wie kann eine Mutter ihren einzigen Sohn vor dem Bösen beschützen? Indem sie die richtige Grundschule für ihn aussucht. Doch vier Monate vor Schulanfang grübeln wir immer noch, was die beste Lösung für den Sprössling wäre.

Der Marterpfahl, an den ich gefesselt bin, ist leider selbst gezimmert. Hätten wir damals eine Wohnung in einem anderen Kiez gesucht, wäre das Problem gar nicht erst entstanden. Aber wir ließen uns von Altbau, Stuck und 3,50 Meter hohen Decken blenden, ohne an die Schulbank zu denken, die unser Sohn, damals 20 Zentimeter groß in meinem Bauch, einst drücken sollte.

1 Der Terrorist erschoss am 9. Januar 2015 vier Menschen im Supermarkt Hyper Cacher in Paris. Zuvor war er in der Nähe einer jüdischen Schule gesehen worden.

Dabei gilt die Grundschule in unserer Nachbarschaft – das heißt nach der Logik des Schulamtes zwei S-Bahn-Stationen weiter – als erfolgreiche Einrichtung, die Sprachentwicklung effektiv fördert: 70 Prozent der Schüler stammen aus türkischen und arabischen Familien. Muss ich betonen, dass wir keine Rassisten sind? Auch wir verfügen über Migrationshintergrund. Mein Mann ist in Ostdeutschland, ich bin in Schwaben aufgewachsen. Mit ein bisschen gutem Willen könnte er von den Deutschkursen profitieren, die an der Einzugsschule für benachteiligte Eltern angeboten werden, obwohl »Hochdeutsch für Sachsen« gar nicht auf dem Programm steht.

Dafür ist Mitarbeit der Eltern sehr gefragt: Beim offiziellen Anmeldetermin saß eine Mutter mit Kopftuch als freiwillige Helferin vor dem Sekretariat. Ich habe nichts gegen Frauen mit Kopftüchern. Ich habe etwas gegen Kopftücher. Und warum sitzt eine Mutter überhaupt vor einem Schulsekretariat, schenkt Kaffee für andere Eltern aus und will erklären, wie ein Formular ausgefüllt werden sollen, obwohl sie die Vorschriften selbst nicht versteht? Ich habe mich bedankt, das Formular genommen, Umschulungswünsche für drei andere Schulen im Bezirk ausführlich begründet und das Weite gesucht. Denn mein Sohn, so leid es mir tut, kann den Kindern der freiwilligen Helferin nicht bei ihrer Integration helfen – er wäre Teil einer biodeutschen Minderheit und einziger Jude in seiner Klasse.

Doch alle Alternativen haben einen Haken: Das Schulamt bearbeitet unsere Umschulungswünsche jetzt – das heißt Mitte Mai – immer noch, und ohne Garantie auf Erfüllung. Vielleicht sollten wir aufhören, auf die Rettung aus Schöneberg zu warten, und uns definitiv für eine Privatschule entscheiden?

Ich wollte niemals zu den Leuten gehören, die es sich leisten, ihr Kind aus dem öffentlichen Schulsystem herauszukaufen. Ich hatte von der Grundschule um die Ecke geträumt, mit dem Baumhaus und den Eltern, die gemeinsam für eine bessere Welt kämpfen. Aber was habe ich davon, wenn ich diese Illusion nicht einklagen kann? Wer nicht mehr von der Schule träumt, schläft wahrscheinlich besser ...

29

Wie ich einen Raubüberfall in Tempelhof überlebte

22. Mai 2015

Manche Pläne stehen unter keinem guten Stern. Wie zum Beispiel mein Vorhaben, unser Badezimmer zu verschönern – und bei Ikea in Berlin-Tempelhof ein neues Waschbecken samt passender Kommode zu erstehen. Nach diesem Einkauf schleppte der beste Ehemann von allen zwei 30 Kilo schwere Pakete die Treppen hinauf. Erst dann musterte ich die Aufdrucke auf den Verpackungen und wurde blass. »Tut mir leid«, sagte ich und kicherte verlegen. »Ich habe zwei Waschbecken gekauft.«

»Das darf einfach nicht wahr sein! Dich kann man nichts alleine machen lassen!«, schimpfte mein Mann. Ich gelobte Besserung und fuhr am nächsten Tag wieder zu Ikea. In der Umtauschabteilung zog ich eine Nummer, wartete brav und erstand danach die Kommode anstelle des Waschbeckens. Leider fiel mir erst an der Kasse auf, dass mein Geldbeutel im Büro lag. Auch den dritten Abend in dieser Woche verbrachte ich also bei Ikea, um endlich mit der passenden Badezimmerkommode im Kofferraum die Heimfahrt anzutreten.

Am nächsten Tag wies mich unser Handwerker darauf hin, dass der alte Wasserhahn zu klein für das neue Waschbecken sei und wir daher einen neuen Wasserhahn bräuchten. Ich fuhr diesmal zum Baumarkt und wurde um eine Erfahrung reicher – als Zeugin des ersten Raubüberfalls in meinem Leben! Noch nichts ahnend stand ich vor dem Wasserhahnregal und ließ mich zu Größen beraten, da drangen durch den Lautsprecher Schüsse und der schrille Schrei einer Frau. Kurz darauf fingen die Ersten an zu rennen.

Ein Kunde, der noch einen Duschschlauch in der Hand hielt, wurde von einem Mitarbeiter aufgehalten: »Die Ware bleibt hier!« Auch draußen waren Schüsse zu hören. Mit anderen floh ich in den Laden nebenan, ein Tierfuttergeschäft. Die Besitzerin brachte uns – sieben Erwachsene und ein Kleinkind – im Personalraum unter, rief die Polizei an und erklärte: »Alle so lange hierbleiben, bis der Streifenwagen kommt. Maskierte Männer sind unterwegs. Die Lage ist nicht unter Kontrolle.« 40 Minuten später wurden wir befreit. »Mal was erlebt in Tempelhof«, sagte einer der Polizisten und wollte wissen, ob die Täter Arabisch gesprochen hätten. »Keine Ahnung«, sagten wir.

Später las ich in der Zeitung, ein 18-Jähriger sei festgenommen worden. Sein Versuch, mit dem erbeuteten Geld auf dem Fahrrad zu flüchten, scheiterte. Eine Verkäuferin wurde durch die Schüsse aus einer Reizgaspistole leicht verletzt. Jetzt wollen Sie wissen, welchen »jüdischen Bezug« diese Geschichte hat? Tja, das ist die Frage … Immerhin könnte ich meinen Verwandten in Israel erzählen, wie gefährlich das Leben in der Diaspora ist. Ob die Räuber überhaupt Araber waren, kann ich nicht sagen – ich habe keinen der Männer gesehen. Eines aber steht fest: Beim nächsten Versuch, einen Wasserhahn zu kaufen, fahre ich lieber wieder zu Ikea.

30
Warum nur jüdische Mütter wissen, wer Jesus erschossen hat

13. Juli 2015

Manche Vorurteile halten sich hartnäckig – obwohl es sich nach fast 2000 Jahren herumgesprochen haben sollte, dass Jesus nicht von Juden gekreuzigt wurde. Bei Australiern allerdings, die Rugby spielen – weit weg von Jerusalem und Rom –, scheint sich diese Erkenntnis noch nicht flächendeckend durchgesetzt zu haben: Rugbystar Jarryd Hayne, derzeit aktiv im American Football beim NFL-Club San Francisco 49ers, twitterte am 1. Juli 2015: »Jesus wollte Menschen helfen, aber er wurde von seinem eigenen Volk getötet.«

Von seinen Followern musste sich Hayne daraufhin wütende Proteste anhören. Als Reaktion setzte der 27-Jährige einen zweiten Tweet ab, in dem er seine theologischen Vorstellungen konkretisierte: »Die Juden waren das Volk, das Jesus an die Römer übergab und sie zwangen, den Befehl (zur Kreuzigung) zu geben, weil sie es selbst nicht konnten«, schrieb der Profisportler – was ihm sofort weitere Proteste einbrachte. Erst eine Woche später, nachdem australische Medien seinen Manager kontaktiert hatten, wurde der Tweet gelöscht.

Ist es denn wirklich so schwer zu begreifen, dass wir nichts dafürkönnen? Sogar mein sechsjähriger Sohn hat die Geschichte schon fast kapiert. Durch seinen Kinderchor in der Weihnachtszeit verschärft mit christlichem Liedgut konfrontiert (sein Lieblingslied aus diesem Repertoire ist ausgerechnet *Maria durch ein Dornwald ging*), interessiert sich mein Sohn sehr für das Schicksal des Mannes aus Nazareth. Ich wiederum tue alles, um dessen Geschichte aus jüdischer Sicht zu interpretieren – was manchmal für Verwirrung sorgt.

»Ich glaube nicht, dass Jesus erschossen wurde und dann wieder aufgestanden ist«, sagte mein Sohn, als ich versuchte, ihm zu erklären, warum Christen Ostern feiern. Bei der Frage der himmlischen Familie wurden wir uns schnell einig: »Gott kann nicht der Vater von Jesus sein. Jesus ist ein Kind – und Gott ist ein Geist«, schlussfolgerte der Sechsjährige.

Als dann am Karfreitag im KIKA TV die Kreuzigung erklärt wurde, zeigte sich der Junge ehrlich erschüttert. »Das war ja ganz schön fies von denen«, sagte er empört. »Das waren doch nicht die Juden?!« »Natürlich nicht, das waren die Römer. Die haben damals eine Menge Leute gekreuzigt«, sagte ich. »Wer wohnt jetzt in Rom?«, wollte mein Sohn wissen. »Die Italiener«, erklärte ich. Nach einer Pause fragte der Kleine: »Sind die Italiener heute immer noch so gemein zu den Christen?«

Solche Fragen sollte sich Jarryd Hayne auch mal stellen, anstatt ignorante Tweets abzusetzen – 50 Jahre nach »Nostra aetate« und unserer Reinwaschung durch die katholische Kirche. Aber der Rugby- und Footballprofi aus Down Under ist eben nicht mit einer jüdischen Mutter gesegnet, die die Dinge beizeiten ins rechte Licht rückt!

31
Warum ich gerne Lyoner esse – aber erst nach Sonnenuntergang

9. November 2015

Was für eine Meldung: 57 Prozent der amerikanischen Juden essen regelmäßig Schweinefleisch! Diese Info habe ich einer Studie des Pew Research Institute über die amerikanisch-jüdische Diaspora entnommen – und mich darüber mit einem Freund unterhalten. »Echt, nur 57 Prozent?«, fragte der: »Ich dachte, es wären 80 Prozent!«

Offenbar geht mein Freund davon aus, dass sich amerikanische Juden in ihren Essgewohnheiten nicht von deutschen oder russischen Juden unterscheiden – also von Leuten, die nicht auf Currywurst, Kotlety oder Lyoner verzichten wollen.

Ich verzichte auch nicht gerne. Allerdings esse ich mein Lyonerbrötchen erst nach Sonnenuntergang – als Zeichen der Solidarität mit syrischen Flüchtlingen. Wieso? Neulich hat ein TV-Moderator im rbb berichtet, was ihm ein Politiker zugetragen hatte: In dessen Heimatstadt wurde ein Willkommensfest für Flüchtlinge veranstaltet.

Für die Syrer gab es ein Halal-Büffet, für Einheimische einen Tisch, der unter anderem mit Lyoner Wurst bestückt war. Zunächst lief alles wie geplant: Die Flüchtlinge bedienten sich brav bei den Halal-Speisen, die Einheimischen frönten ihren Essgewohnheiten.

Doch nach Sonnenuntergang wechselten zahlreiche Syrer die Seite und erklärten offenherzig: »Jetzt ist es dunkel. Allah sieht uns nicht. Dürfen wir auch mal von eurer leckeren Wurst probieren?« Ist das nicht wunderbar? Juden und Muslime haben viel mehr gemeinsam, als man denkt!

Mich beruhigt das ungemein. Im Sommer hatte ich nämlich einen Schreckmoment: Auf den Listen für Lebensmittel- und Kleiderspenden, die freiwillige Helfer im Berliner Landesamt für Gesundheit und Soziales sammelten, waren nicht nur Kopftücher und Gebetsteppiche, sondern auch »Halal-Mineralwasser aus islamischen Läden« aufgeführt.

Gerne wollte ich Kinderkleidung, aber auf keinen Fall einen Teppich spenden. Außerdem fragte ich mich: Wie kann Wasser überhaupt »halal« sein? Schließlich gibt es auch kein koscheres Trinkwasser – abgesehen von Leitungswasser, das in Israel für »kascher le-Pessach« erklärt wird, also für brotkrümelfrei. Na gut, es gibt Rabbiner, die ein Koschersiegel für Mineralwasser erfunden haben. Dabei könnte es aber, vermute ich, nicht nur um die Flaschen gehen, sondern auch um den Geldbeutel der Rabbis.

Was mich auf eine einleuchtende Erklärung für das »Halal-Wasser« brachte: Das haben bestimmt Imame oder muslimische Supermarktbesitzer erfunden, die mit dem Mehrwert ihr Gehalt aufbessern! Warum sollten denn Flüchtlinge, die in der sengenden Sommerhitze in Berlin-Moabit stundenlang auf ihre Abfertigung warten mussten, gezielt nach islamischem Mineralwasser verlangen?

Ich bin sicher, die Leute haben ganz andere Sorgen. Vielleicht lade ich demnächst mal ein paar Syrer zu einem halal-koscheren Büffet ein. Aber erst nach Sonnenuntergang.

32
Gleichgewicht des Schreckens: Chanukka und Advent

1. Dezember 2015

Vorfreude ist die schönste Freude – das gilt natürlich ganz besonders für Chanukka. Leider bin ich in diesen Tagen im Doppelstress: Wie koordiniere ich bloß die Chanukkaparty mit den Chor-Terminen meines Sohnes auf dem Rixdorfer Weihnachtsmarkt? Auch beim Elternabend wurde ich mit den Herausforderungen der Vorweihnachtszeit konfrontiert: Adventsbasteln und Wichteln!

Fast eine Stunde habe ich in der Haushaltsabteilung von Karstadt verbracht und über die richtige Länge von Nadeln fürs Basteln sinniert. Anschließend fühlte ich mich wie eine Rabenmutter. Nicht nur, weil ich statt Nähnadeln Stopfnadeln gekauft hatte. Sondern weil ich an der Entscheidung, meinen Sohn auf eine staatliche Grundschule in einem gutbürgerlichen Bezirk zu schicken, zu zweifeln begann. Wären wir mit der jüdischen Schule nicht doch besser gefahren – mit orthodoxen Rabbinern, Chanukkaleuchter-Basteln und *Maos Tzur*?

Andere jüdische Mütter werden sich jetzt zufrieden zurücklehnen: Sie haben es ja gewusst! Mehr als einmal hat man mir zu verstehen gegeben, dass ich mich der Pflicht, für eine eindeutige jüdische Identität des Sprösslings zu sorgen, entzogen hätte. Da ich zu Schuldgefühlen neige, brechen sich diese kurz vor Chanukka massiv Bahn.

Mein Sechsjähriger tut ein Übriges, damit ich mich schuldig fühle. Kurz nach seiner Einschulung hat er mich wissen lassen, in der Schule gebe es »zu wenig Judentum«. Eine Woche später wollte er wissen, ob »man Christ wird, wenn man christliche Feiertage feiert«. Nun hat er mir zwei Einladungen überreicht: eine zum Weihnachtskonzert seines Kinderchors, eine andere zur Chanukkaparty mit der Forderung: »Ich will 20 Kinder einladen und Latkes backen!« Unter den Einladungen fand ich einen Zettel: »Christen glauben an Jesus (meistens). Juden glauben nicht an Jesus«, stand da. Weiter unten fand ich den Satz: »Ich bin Jude! Kein Christ!«

Das hellte mein Gemüt wieder auf: Offenbar sorgt eine nichtjüdische Umgebung für eine besonders militante Ausprägung der jüdischen Identität! In der Gemeindeschule wäre mein Sohn spätestens in der dritten Klasse genervt vom Tischgebet und den Rabbineransprachen. Jetzt kann er die jüdische Community problemlos idealisieren!

Mit acht Jahren wird er sich ins Machane-Leben stürzen und mit 14 die erste jüdische Freundin haben, während seine jüdischen Kumpels ihren zickigen Klassenkameradinnen aus dem Weg gehen werden, um sich mit netten nichtjüdischen Mädchen zu verabreden. Bis dahin werde ich noch viele Latkes backen, um den Advent in Schach zu halten. Aber muss ich das wirklich? Ganz unter uns: Wollen wir in diesen chaotischen Zeiten nicht alle Licht ins Dunkel bringen – ob mit Kerzen auf dem Adventskranz oder dem Chanukkaleuchter? Solange mein Sohn den ersten Chanukkaabend nicht mit dem zweiten Advent verwechselt …

33
Schwierige Fragen oder: »Mama, was sind Rassisten?«

18. Januar 2016

Nicht einmal auf einfache Fragen finde ich in diesen Tagen einfache Antworten. »Mama, gibt es heute noch Rassisten?«, fragte mein Sohn, nachdem er sich ein Buch über Martin Luther King aus der Schulbücherei ausgeliehen hatte. »Ja, leider«, sagte ich. »Warum mögen Rassisten keine Schwarzen?« »Weil sie niemanden mögen, der anders aussieht. Sie mögen auch keine Juden«, erklärte ich.

»Ich sehe aber aus wie die Rassisten. Warum mögen sie mich nicht?« Dann wollte er wissen, ob es auch schwarze Rassisten gibt. »Wen mögen die nicht?« Weil ich nicht wieder mit den Juden anfangen wollte, sagte ich: »Chinesen. Oder sich selbst.« Der Sohn bohrte weiter: »Wenn ein Chinese in den Spiegel schaut, mag er sich dann nicht? Wen mögen die Juden nicht? War Hitler Rassist?« Was hätten Sie einem Sechsjährigen geantwortet?

Auch sonst wird alles komplizierter. Rechte Schläger haben in Dresden zwei Israelis angegriffen – weil sie die Männer ob ihres »südländischen Aussehens« für Araber hielten. Israelische Zeitungen schrieben, die beiden Studenten seien Araber mit israelischem Pass gewesen. Wie auch immer, als Jude sollte man besser nicht für einen Araber gehalten werden. Achten Sie bitte darauf, wenn Sie über Purimkostüme nachdenken. In Hebron ist einmal ein Israeli erschossen worden, weil er beim jüdischen Faschingsfest eine Kufija trug.

Unterdessen wurde im Berliner *Tagesspiegel* darüber spekuliert, ob Frauen nach der Silvesternacht in Köln Anzeige wegen sexueller Belästigung erstattet hätten, um die Abschiebung von Ausländern zu beschleunigen. Mir ist eine noch meschuggenere Theorie eingefallen, die arabischen Rassisten garantiert gefallen wird: Nicht arabische Nordafrikaner, sondern algerische und marokkanische Sefarden haben sich als Hinterngrapscher betätigt!

Die zionistische Lügenpresse hatte ja einen angeblichen Syrer mit der angeblichen Behauptung zitiert: »Ihr müsst mich freundlich behandeln – Frau Merkel hat mich eingeladen!« Doch in Wahrheit war es ein testosterongesteuerter Sefarde, und das Originalzitat lautete: »Ich bin Jude, ich darf das!« Gegen solche Leute ist der deutsche Rechtsstaat machtlos, weil die zionistische Lobby die Abschiebung jüdischer Hinterngrapscher nach Bat Jam verhindert. Das wird man ja wohl noch sagen dürfen. Oder?!

Übrigens bin ich seit Sommer 2015 schon dreimal des Rassismus verdächtigt worden. Einmal, weil ich laut darüber nachdachte, wie viele Muslime Deutschland aufnehmen soll. Dann wegen Äußerungen über Araber, die Sozialhilfe beziehen.

Das dritte Mal, weil ich für eine angeblich rassistische Organisation arbeite (gemeint war der Zentralrat der Juden in Deutschland). Ich fürchte, die Welt ist nicht mehr zu retten. Ich werde mich in Zukunft darauf beschränken, die Fragen meines Sohnes zu beantworten: Wen hassen die Chinesen? Erkennt man Rassisten am Schnurrbart? Und magst du dich, wenn du in den Spiegel schaust?

34
Warum die Berlinale-Cloud nichts mit Wolke sieben zu tun hat

15. Februar 2016

Bei dieser Berlinale geht es, das behauptet Festivalleiter Dieter Kosslick, um das »Recht auf Glück«. Ich finde, ich habe auch ein Recht auf Glück, aber leider spricht der Mann mit dem roten Schal nur sehr bedingt für mich. Sie denken wohl, ich Glückliche verbringe die 66. Internationalen Filmfestspiele Berlin auf Wolke sieben, bei Glamour-Pressekonferenzen mit George Clooney, Meryl Streep & Co? In Wirklichkeit habe ich Clooney nicht mal von hinten gesehen – nur Emma Thompsons schreiende Fans, als der Star-Konvoi am Potsdamer Platz vorfuhr.

Stattdessen habe ich unzählige Stunden damit verbracht, die israelischen Filme am Bildschirm zu sichten. Schon mal versucht, das Programm Google Widevine zu öffnen, um in die Berlinale-Cloud vorzudringen? Es war ein höchst traumatischer Abend, als ich es vor Beginn der Festspiele immer wieder vergeblich probierte – bis ich mir kurz vor Mitternacht die Kugel geben wollte. Nur mein Mann und mein Sohn haben mich vom Äußersten abgehalten. Dann stellte sich heraus, dass Google Widevine auf sehr vielen Rechnern gar nicht funktioniert.

»Von solchen Programmen sollte man die Finger lassen«, warnte mich am nächsten Morgen ein Techniker, »Google kann genau sehen, wann und wo Sie welchen Film angeschaut haben!« Ich fand die Vorstellung gruselig: Vielleicht sitzt ein unsichtbarer Kameramann in einer Google Cloud, um von dort aus Journalisten auszuspähen – und mich dann, schreiend und Haare raufend, bei der 67. Berlinale in einer Horror-Doku vorzuführen?

Beim Support der Filmfestspiele erfuhr ich dann, dass Google Widevine sich nur in Kombination mit Google Chrome öffnet, während in der Anleitung von Google Widevine leider das Gegenteil behauptet wird.

Kurz vor der Berlinale haben übrigens 313 Spammails meinen Rechner verstopft, als Folge irgendeiner E-Mail eines Produzenten an akkreditierte Journalisten: »Nehmen Sie mich aus dem Verteiler!« »Kann jemand den Wahnsinn stoppen?« »Hören Sie auf, diese Mails zu beantworten!« Eine einzige offizielle Mail mit Erklärung, wie ich in die Cloud komme, hätte mir gereicht!

Zum Glück haben meine nicht mehr jungen, aber höchst fortschrittlichen Eltern, die ich vor dem Festivalstart besucht habe, Google Chrome auf ihrem Rechner, sodass ich bis drei Uhr morgens Filme gucken konnte. Sonst hätten unsere Leser nie erfahren, welche israelischen Werke gezeigt werden.

Früher war alles besser. Die Berlinale hatte einen Sichtungsraum. Es gab DVDs zur Ausleihe. Man wurde nicht alle sieben Minuten an den spannendsten Stellen aus der Cloud geworfen. Allerdings hat mir jetzt ein einziger Film, in dem sich ein schwuler Israeli mit seinen religiösen Eltern versöhnt, zu 90 Minuten auf Wolke sieben verholfen. Danach hatte ich die 27 Stunden Technikfrust fast vergessen. Vielleicht gibt es sogar für mich das Recht auf ein kleines bisschen Glück bei der Berlinale?

35

Und ewig tagt das Schiedsgericht oder: Warum ich (noch) kein Grab kaufe

29. Februar 2016

Zoff, Wahlanfechtung und Dauerfeuer von der Opposition: Allmählich frage ich mich ernsthaft, warum ich noch Mitglied der Jüdischen Gemeinde zu Berlin bin. Schließlich geht es in meiner Heimatgemeinde– verglichen mit den Zores in der Hauptstadt – verhältnismäßig friedlich zu. Warum nicht einen zweiten Wohnsitz in Süddeutschland anmelden und meine Beiträge in eine Gemeinde investieren, die hoffentlich weniger Anwälte finanzieren muss als Berlin?

Leider gibt es da ein Problem: Wenn meine Zeit gekommen ist, möchte ich sehr gerne auf dem Jüdischen Friedhof in Berlin-Weißensee liegen. So wie Kurt Tucholsky, der einst von »Feld P – in Weißensee, in Weißensee ...« träumte. Der Friedhof sieht aus wie ein Wald, ein idealer Ort für die ewige Ruhe. Besonders wichtig: Weißensee hat ein »gemischtes Gräberfeld«, auf dem jüdische und nichtjüdische Partner nebeneinander bestattet werden.

Das kann nicht jede Gemeinde bieten. Um herauszufinden, was mich ein Austritt kosten würde, habe ich in gut informierten

Kreisen nachgehorcht: Etwa einen Monatslohn müsste ich für eine Doppelstelle auf dem Friedhof aufbringen. Als Nichtmitglied ein Vielfaches. Ich solle mir das Gelände bald anschauen, das Feld sei schon relativ voll.

Ich kam mir vor wie im Schlussverkauf. Derart angefixt, erzählte ich Freunden von meinem Plan, für die Ewigkeit vorzusorgen und dann die Gemeinde zu wechseln. »Mit 46 denkt man doch nicht an ein Grab«, war noch die harmloseste Reaktion. Die Kollegen rieten zu Crowdfunding. Beteiligen wollte sich keiner. »Für das Geld fahren wir lieber in den Urlaub«, sagte mein Mann. Meine Mutter empfahl mir, tief durchzuatmen, den Berliner Juden treu zu bleiben und mich auf die Aufgaben der Gegenwart zu konzentrieren. Frei nach Kurt Tucholsky: »Es tickt die Uhr. Dein Grab hat Zeit, drei Meter lang, ein Meter breit ...«

Aber: Was mache ich, falls die Ultraorthodoxie irgendwann die Gemeinde übernehmen sollte? Paare wie mein Mann und ich haben in Weißensee dann wohl das Nachsehen und müssen auf den städtischen Friedhof ausweichen. Investieren wir dagegen den Monatslohn sofort, kann uns kein Anwalt der Welt das Grab wieder wegnehmen!

Fraglich bleibt allerdings, ob Weißensee wirklich ewige Ruhe bedeuten würde. Bei der langlebigen Berliner Streitkultur wäre es nicht verwunderlich, wenn sich der Zoff in der kommenden Welt fortsetzen würde. Vielleicht gibt es dort – frei nach der Jom-Kippur-Liturgie – neben dem »Beit Din schel Maala« auch ein »Beit Din schel Mata«, ein unterirdisches Schiedsgericht? Oder einen unterirdischen Schiedsausschuss?

Wenn ich Pech habe, tagt dieses Gremium drei Meter tief unter Feld E, und ich muss die Diskussionen bis zur Auferstehung der Toten mitanhören. Trotzdem habe ich jetzt beschlossen, mir alle Optionen offenzuhalten. Komme, was wolle: Ich bleibe Gemeindemitglied in Berlin!

36

Haschem in der Cloud: Warum ich gegen WLAN in Synagogen bin

30. Mai 2016

Geben Sie zu, auch Sie haben schon mal unter der Bank, auf der Empore oder auf der Toilette auf Ihr Smartphone geschaut, wenn sich der Gottesdienst in die Länge zog und die Predigt des Gemeinderabbiners allzu langatmig ausfiel.

In mehreren liberalen Synagogen musste ich bereits beobachten, wie Beterinnen und Beter am Schabbes nicht von ihren Geräten lassen konnten, bin aber durchaus auch in orthodoxen Gotteshäusern Zeugin dieses halachawidrigen Verhaltens geworden. Ich selbst praktiziere das natürlich nie, ich besitze ein (nicht internetfähiges) Klapphandy für 19,90 Euro. Aber was wollen Sie von Kids erwarten, die zum sechsten Geburtstag das erste iPhone bekommen und am Schabbat mit dem Geländewagen zum Gottesdienst kutschiert werden, wobei die Eltern das Auto zwei Straßen weiter parken, damit der Rabbiner beide Augen fest zudrückt?

Vielleicht sollten wir uns ein Beispiel an unseren jüngeren Brüdern nehmen und das Surfen in der Synagoge offiziell einführen? Die Evangelische Kirche Berlin-Brandenburg-schlesische Oberlausitz (EKBO), deren aktuelle Mitgliederzahlen in der kommenden Woche veröffentlicht werden, macht es vor: Mit »Godspot«, einem kostenlosen WLAN-Angebot in 220 Kirchen, möchte die EKBO, wie der Leiter ihres IT-Referats, Fabian Kraetschmer, sagt, ihren »Beitrag zur Netzpolitik, zur Netzneutralität und zur Steigerung der Medienkompetenz« leisten und die Kirche wieder zum Ort der »Kommunikation, des vertraulichen Austausches und des Handeltreibens auf dem Kirchplatz machen«.

Halleluja! Ist der digitale Tempel nicht eine wunderbare Idee, für Christen wie für Juden? Hand aufs Herz, unsere Mitgliederzahlen waren auch schon mal besser. Um es mit Kraetschmer zu sagen: »Wenn sich ein Besucher eines Gottesdienstes ablenken lässt, egal wovon, dann haben wir ein Predigtproblem und kein ›Godspot‹-Problem!« Allerdings frage ich mich, ob Juden tatsächlich »Godspot« brauchen, wo doch die Schechina unter uns weilt. »Und die Wolke bedeckte das Zelt der Zusammenkunft, und die Herrlichkeit des HERRN erfüllte die Wohnung«, steht in der Tora.

Sind wir für einen Draht zu Gott also auf WLAN angewiesen? Falls Haschem in der Cloud wohnt, dann tut er das seit Tausenden von Jahren und kommuniziert mit uns auf althergebrachten Wegen: schriftlich, mündlich – auf jeden Fall offline! Sollten wir es nicht dabei belassen? Ist es nicht wunderbar, wenigstens an einem Tag in der Woche einen Ort auf dieser Welt zu finden, an dem Smartphones unerwünscht sind?

Ich finde, »Netzneutralität« ist ein urjüdisches Gebot: Wir waren doch niemals Menschenfischer, weder am See Genezareth noch in Berlin. Aber vielleicht treffen wir in unseren Synagogen bald auf Kirchgänger, die wenigstens am Samstag mal ein paar Stunden abschalten möchten?

37

Gegen die Wand oder: Wie ich unverhofft zu einem Nose Job kam

4. Juli 2016

Nie im Leben hätte ich gedacht, dass ich einmal zu einem Nose Job komme. Im Gegenteil: Leute, die sich kosmetischen OPs unterziehen, waren mir schon immer suspekt.

Bevor Sibel Kekilli ihre wunderbare anatolische Hakennase zu einem mitteleuropäischen Stupsnäschen umgestalten ließ, war ich ein großer Fan von ihr. Bei der Berlinale 2004, als sie mit *Gegen die Wand* ihren Durchbruch feierte, habe ich sie zutiefst bewundert. »Warum nur?«, frage ich mich jetzt, wenn ich die Schauspielerin in einer Tatort-Wiederholung sehe. Früher hatte dieser Zinken Charakter!

Doch nun musste auch ich die Erfahrung eines Nose Job machen. Neulich bin ich im Berliner Tiergarten mit einer anderen Fahrradfahrerin kollidiert. Meine Nase prallte gegen die Schulterwand der Verkehrsteilnehmerin, die von links anrauschte. »Ihr Nasenbein ist gebrochen«, sagte der Unfallchirurg nach einem Blick auf das Röntgenbild und überwies mich zum HNO-Arzt. »Schauen Sie mal in den Spiegel«, sagte der.

Die Nase sei links eingedrückt. Ich war entsetzt: Hatte sie zuvor einen dezenten Schwung aufgewiesen, der auf meine aschkenasisch-polnische (oder alternativ auf meine norddeutsche) Großmutter zurückgeht, sah sie nun aus wie Kekillis Nase nach deren Nose Job: total durchschnittlich. »Ich kann Ihnen das Nasenbein wieder einrenken. Örtliche Betäubung mit Wattebausch. Wahrscheinlich wird es nicht wehtun«, prophezeite der HNO-Arzt.

Ich wich instinktiv zurück. »Oder Sie lassen sich unter Vollnarkose operieren«, war die zweite Option des Fachmanns. Ein Kollege sei übrigens nach einer Nasenwiederherstellung von seiner Patientin verklagt worden, weil deren Mann sie sitzen ließ und die schiefe Nase der Gattin als Scheidungsgrund anführte. »Machen Sie sich keine Sorgen. Ich habe gerade meine Rechtsschutzversicherung gekündigt«, sagte ich und entschied mich für die Vollnarkose, weil ich bei Bewusstsein niemanden an meinem Nasenbein herumfummeln lasse.

Nach der OP ging es mir miserabel. Die Vollnarkose bei 36 Grad Außentemperatur im nicht-klimatisierten Krankenhaus ließ meinen Kreislauf kippen. Ich hatte schlimme Migräne. Unfreiwillig fühlte ich mich an Bolle aus dem Berliner Volkslied erinnert, der nach der Keilerei auf der Schönholzer Heide bittere Bilanz zieht: »Es fing schon an zu tagen, / als er sein Heim erblickt, / sein Hemd war ohne Kragen, / das Nasenbein zerknickt, / das linke Auge fehlte, / das rechte marmoriert. / Aber dennoch hat sich Bolle / janz köstlich amüsiert ...«

Dann fiel mir ein, dass ich das Wichtigste vergessen hatte: ein Profilfoto meines mitteleuropäischen Nasenhöckers mit in den OP-Saal zu nehmen. Mal sehen, was mein Mann sagen wird, wenn der Nasengips entfernt wird. Falls er mit Scheidung droht, werde ich nicht aus Verzweiflung gegen die Wand rennen, sondern den nächsten Nose Job in Angriff nehmen. Dann will ich die Original-Nase von Sibel Kekilli!

38

Warum Sonnenblumenkerne gegen Terrorangst helfen

29. August 2016

Die Deutschen haben endlich einen echten Grund zur Angst: Mehr als drei Viertel fürchten sich vor islamistischen Anschlägen. Gegen die Panik möchte ich ein Hausmittel anpreisen, das ich vor 20 Jahren in einem Bus in Israel entdeckt habe.

Ich spreche von Sonnenblumenkernen zum Selbstschälen, in Israel berüchtigt als »Garinim« – die notorischen Kerne, die israelische Rüpel zum Verdruss aller Kulturinteressierten auch im Theater und im Kino lautstark knacken, um die Schalen dann gekonnt unter dem Sitz des Vordermanns zu platzieren.

Wollen Sie wissen, warum ausgerechnet Garinim gegen Terrorangst wirksam sind? Dann versetzen Sie sich ins Jahr 1996 in Jerusalem, wo ich damals studierte. Rabin war Ende 1995 ermordet worden, die Hamas bombte gegen den Friedensprozess. Zweimal traf es die Egged-Linie 18. Kurz nach sechs Uhr morgens.

Meine Mutter rief mich um sieben Uhr aus Deutschland an, um sich selbst davon zu überzeugen, dass ich noch am Leben war. Ich reagierte patzig: »Du weißt doch genau, dass ich nicht so früh Bus fahre. Schon gar nicht mit der Linie 18«, herrschte ich sie an.

Das war herzlos. Ich aber wollte das Gefühl meiner Unverwundbarkeit kultivieren. Schließlich fuhr ich nie früher als acht Uhr morgens zu irgendeinem Uni-Seminar am Scopusberg, und wenn doch, dann nur mit der Linie 9. Doch dann packte die Terrorangst auch mich.

Jedes Mal, wenn ich in einen Bus stieg, fiel mein Blick auf einen orientalisch aussehenden Fahrgast. »Das ist der Terrorist«, dachte ich. »Mein Leben ist zu Ende.« Einmal lächelte mir ein Jude mit buschigen schwarzen Augenbrauen und dunklem Teint beruhigend zu. Für ihn war es offenbar schon Routine, für einen arabischen Terroristen gehalten zu werden. Alles ziemlich peinlich.

Wenige Tage später stieg ich in Jerusalem in die Linie 480 nach Tel Aviv. Ganz hinten im Bus saßen zwei Araber mit einer weißen Plastiktüte. »Da drin ist der Sprengstoff«, dachte ich. »Mein Leben ist zu Ende.« Der Busfahrer schloss die Tür und fuhr los. Ich dachte über meine Möglichkeiten nach. Den Fahrer bitten, die Araber zu kontrollieren? Erschien mir rassistisch. Nichts sagen und die gesamte Fahrt nach Tel Aviv in Panik verbringen? Auch keine gute Lösung. Ich entschloss mich für die direkte Konfrontation, kämpfte mich zu den hinteren Plätzen durch und fragte die beiden Araber auf Hebräisch: »Entschuldigen Sie bitte die Frage, ich weiß, ich bin unhöflich. Aber haben Sie zufällig Sprengstoff dabei?«

Der Ältere schaute mich verstört an und öffnete die Plastiktüte. Sie war voller Sonnenblumenkerne. »Nimm dir. Nimm, so viele du willst!«, sagte er. »Vielen Dank. Sehr nett von Ihnen. Ich wünsche Ihnen eine gute Fahrt«, sagte ich und ging auf meinen Platz zurück. Ich fühlte mich richtig gut. Wenn ich heute in Panik gerate, kaufe ich mir ein Päckchen Sonnenblumenkerne. Helfen leider nicht gegen Terroranschläge. Aber gegen die Angst davor.

39

Schalom, Klapphandy! oder: Warum ich mir endlich ein iPhone kaufe

5. Dezember 2016

Ein Kurzurlaub auf Teneriffa hat mir die Augen geöffnet: Ich werde mir endlich ein iPhone zulegen. Dabei ist Technik überhaupt nicht mein Ding. Morgens in der S-Bahn lese ich lieber eine gedruckte Zeitung, die nach Papier und Druckerschwärze riecht, anstatt auf einen Touchscreen zu starren und Medienhäppchen von oben nach unten zu wischen.

Ich brauche kein Skype, ich hasse Facebook, ich lehne WhatsApp aus Datenschutzgründen ab, ich will nicht von Google geortet werden. Zugegeben, mitunter ist in mir die Befürchtung aufgestiegen, ich könnte den Anschluss ans 21. Jahrhundert verpassen – was einer Journalistin besser nicht passieren sollte. Doch diese Gedanken habe ich unterdrückt und mich im Gefühl der Überlegenheit gesonnt: Wer braucht schon Anschluss ans digitale Idiotentum? Ich nicht!

Doch nun ist alles ins Wanken geraten. Schuld sind meine israelischen Verwandten. Wir haben uns zum Urlaub auf Teneriffa getroffen. Sie haben mich bei jeder Gelegenheit gedisst. Nur weil sie die neuesten iPhones haben und ich ein Klapphandy für

19,90 Euro. Meine Großcousine, eine Opernsängerin, ritt die schlimmsten Attacken. Prinzipiell respektiere sie Wertkonservative, behauptete sie. Aber: Leute wie ich seien Kommunikationsverweigerer und machten jungen Künstlern das Leben schwer.

Telefonate ins Ausland seien teuer, WhatsApp dagegen die Lösung. Wie sie denn ihr Leben bewältigen solle, ohne Familie und Freunde, die ihr per Skype den Rücken stärken? »Die Steinzeit ist vorbei«, assistierte mein Cousin und schaute missbilligend auf mein Klapphandy. »Wir sind nicht mehr mit Pferd und Wagen unterwegs.«

Dann checkte er im Internet die Wettervorhersage. Meine Großcousine schwor auf eine Online-Empfehlung für ein malerisches Restaurant, von dessen Terrasse aus der Sonnenuntergang zu sehen sein sollte. Leider standen wir auf dem Weg zwei Stunden im Stau. Als wir ankamen, war es wolkig und das Restaurant geschlossen. Egal, es war trotzdem ein schöner Ausflug. Und ich beschloss, nach meinem Heimflug technisch aufzurüsten.

Als unsere Onlineredakteure von meinem Entschluss hörten, warfen sie sich auf die Knie und dankten Haschem für das verfrühte Chanukkawunder: »Nes Gadol!« Dann fingen sie an, mit mir über Modelle zu diskutieren. 4,7 Zoll? 5,5 Zoll? iPhone 5, 6 oder 7? Eine Kollegin riet zu Schwarz, die andere zur Tussi-Variante in Roségold.

Eigentlich wollte ich pünktlich zum Gemeindetag mit dem neuen Teil auflaufen, damit alle wichtigen Juden denken, ich sei Mainstream. Leider lag ich krank im Bett und hatte keine Gelegenheit zum Shoppen. Falls Sie mich in den nächsten Tagen suchen sollten: Ich bin die Redakteurin mit dem Klapphandy. Aber nicht mehr lange. Tempora mutantur, nos et mutamur in illis, wie der Lateiner sagt. Oder Wolf Biermann: Nur wer sich ändert, bleibt sich treu!

40

Läuse am Schabbes oder: Was wirklich gegen Grübeln hilft

6. Februar 2017

Ich kenne nicht viele Menschen, die montagmorgens im Büro tiefes Glück empfinden. Allerdings bin ich überzeugt davon, dass es mehr solche Leute gibt, als man annimmt – sie trauen sich nur nicht, es zuzugeben. Deshalb möchte ich mich stellvertretend für alle jüdischen Montagmorgen-Fans outen: Nichts bereitet mir größere Genugtuung als ein Wochenbeginn am Schreibtisch – nach zwei durchgrübelten Tagen voller Probleme, die ich nicht lösen kann.

Auch an diesem Wochenende wurde ich von Grübelattacken heimgesucht: Schafft es das große und freiheitsliebende Volk der Amerikaner, Donald Trump aus dem Amt zu jagen? Wird Europa noch demokratisch sein, wenn mein siebenjähriger Sohn erwachsen ist? Richten Diktatoren Social Media gezielt gegen ihre Untertanen? Wenn ja, war es eine fatale Entscheidung, ein iPhone zu kaufen, WhatsApp und Facebook zu installieren? Kann das Telefon zum Feind in meiner Handtasche mutieren? Sollte ich die Kamera zukleben und die Apple-ID wieder löschen? Und wie schaffen es meine praktizierenden jüdischen Mitbürger, sich im kalten Februar für Tu Bischwat zu erwärmen, während bei mir nur die Paranoia blüht?

Mitten in der Grübelschleife kam eine SMS von meinem Sohn, der gerade mit meinem Mann unterwegs war: »Warum schreiben wir nicht über WhatsApp?« Kurz darauf simste er: »Ach, vergiss es. Papa kann gerade sowieso nichts runterladen.« Spontan beschloss ich, WhatsApp wieder zu löschen. Jetzt ist der Sohn wütend auf mich. Und ich grübele, ob ich Threema aus dem Land der nachrichtenlosen Konten installieren soll – oder das Telefon lieber an einen kameraaffinen Kollegen verkaufe.

Doch an diesem Montagmorgen kam mir die Erleuchtung, als ich die Facebook-Gruppe »Frag den Rabbiner« aufsuchte. Dort diskutiert man Fragen wie »Ist ein Schofar aus dem Horn einer Antilope koscher?« oder »Darf man am Schabbat eine Laus töten, die man auf dem Kopf eines Kindes gefunden hat?«.

Schon oft habe ich mich gefragt, warum sich Menschen in Debatten über ein Ei stürzen, das ein Huhn am Schabbat gelegt hat. Nun ist mir klar: Grübeln kann man nicht abstellen – man muss es stattdessen halachisch kanalisieren!

Also denke ich nicht mehr an das iPhone, sondern an Krabbeltiere, und zwar unter besonderen Umständen: Angenommen, mein nichtjüdischer Mann würde am Schabbat eine Laus im Haar meines Sohnes entdecken – dürfte er sie zerquetschen? Ich glaube, ja.

In diesem Sinne begrüße ich die Initiative von Rabbi Israel Rosen in Jerusalem, der das Öffnen von Restaurants am Schabbat kaschern will: Das Oberrabbinat soll offizielle Arbeitszertifikate für Schabbesgojim als Kellner und Köche ausstellen, meint Rosen. Daran sieht man: Probleme sind lösbar – man muss sich nur die richtigen suchen. Und falls dieses Rezept scheitert, bleibt mir ein steter Trost: der nächste Montagmorgen!

41

Warum gegen aufdringliche Männer nur Pfefferspray hilft

23. Oktober 2017

Erst jahrzehntelanges Schweigen, jetzt Wortmeldungen ohne Ende: Harvey Weinstein und seine schamlosen Übergriffe auf Frauen sind als Thema geradezu unerschöpflich. Was mich dabei am meisten wundert, ist nicht die Zahl seiner Opfer, sondern dass sich jüdische Frauen neuerdings mit Patentrezepten gegen sexuelle Belästigung outen, ihre Weisheiten aber schnell wieder zurücknehmen, wenn öffentlich Gegenwind aufkommt.

Es begann mit Donna Karan. Die Designerin erklärte im Interview auf einem roten Teppich in L. A., welche falschen Signale Frauen durch die Wahl ihrer Garderobe senden. »Es ist nicht Harvey Weinstein. Überall auf der Welt, wo man sich umschaut, weiß man, wie Frauen sich anziehen – und wonach sie suchen, wenn sie sich präsentieren, wie sie es tun. Wonach suchen sie? Ärger.« Einen Tag später erklärte die Designerin, ihre Worte seien aus dem Kontext gerissen worden.

So weit, so ärgerlich. Die nächste Blöße – falls man bei einem Eintreten für Zniut von Blöße sprechen kann – gab sich die Schauspielerin Mayim Bialik in einem Text für die *New York Times*. »Ich habe mich entschieden, dass mein sexuelles Ich für private Situationen mit den Menschen reserviert bleibt, mit denen ich am intimsten bin«, schrieb Bialik. »Ich kleide mich zurückhaltend. Meine Politik ist es, nicht aktiv mit Männern zu flirten.« Nur ein paar Tage später entschuldigte sich auch die Schauspielerin: »Was du trägst und wie du dich kleidest, macht dich in keiner Weise mitschuldig an einem Angriff.«

Cleverer erschien mir da – beim ersten Lesen – die Überlegung von Avital Chizhik-Goldschmidt. Die Redakteurin des *Forward* bekennt: »Als Reporterin in der orthodoxen Welt kann ich die Hinweise auf sexuelle Angriffe innerhalb der Gemeinschaft nicht mehr zählen.«

Statt Zniut propagiert sie deshalb, neu über das Verbot von »Jichud« nachzudenken – das Zusammentreffen von Mann und Frau, die nicht verheiratet sind. »Heute hat Jichud das Potenzial, zum mächtigen Werkzeug für Frauen zu werden, um sich in einer Welt der Weinsteins zu behaupten: Verlange, dass andere anwesend sind. Verteidige deinen persönlichen Raum!«, postuliert Chizhik-Goldschmidt.

Doch bei allem Respekt, den frau sich mithilfe der jüdischen Tradition verschaffen will – auch so werden wir die Weinsteins dieser Welt kaum in Schach halten. Ebenfalls keine gute Strategie: wie Gwyneth Paltrow über 20 Jahre die Klappe zu halten und erst dann zu reden, wenn andere Frauen sich längst geoutet haben. Fazit: Wo Schweigen, Anti-Jichud und Zniut nichts ausrichten, hilft leider nur Pfefferspray. Oder ein gezielter Tritt.

42

Das Synagogenreferat oder: Warum Mama sich in der Schule lieber raushält

2. Januar 2018

Schluss mit den Schuldgefühlen! Endlich weg mit der Wahnvorstellung, die jüdische Mutter sei verantwortlich für den Erfolg ihrer Kinder! Zu Beginn des neuen bürgerlichen Jahres möchte ich Sie mit einer Schulgeschichte aus dem wahren Leben erheitern.

»Mama, mein Freund und ich halten ein Referat über die Neue Synagoge«, verkündete mein Sohn vor einigen Wochen voller Begeisterung. Ich biss mir auf die Zunge, um nicht zu fragen: »Warum gerade du?« Aber der Achtjährige schien sich über die Gelegenheit sogar zu freuen, an seiner staatlichen Grundschule als Experte für Judentum zu glänzen, das Ganze unter dem Motto »Gebäude in Berlin«. »Ach, wirklich?«, sagte ich und versprach: »Dann gehen wir zusammen in die Ausstellung.«

Leider wurde nichts daraus. Zuerst hatte ich keine Zeit, mit den Kindern zur Synagoge zu fahren. Als ich endlich Zeit hatte, war die Dauerausstellung »Tuet auf die Pforten« zwecks Neugestaltung bis Frühjahr geschlossen. »Dann schauen wir nach, was auf der Website steht«, sagte ich. Aber dort stand nichts Konkretes.

Der Referatstag rückte näher. Zähneknirschend erklärte ich: »Wir gucken bei Wikipedia nach. Aber merk dir eines: Bei Referaten darf man sich nie auf Wikipedia verlassen. Du brauchst immer eine Zweitquelle.« Mein Sohn starrte mich an, als sähe er eine Neandertalerin.

Am Abend vor dem großen Auftritt probten wir das Referat. Mein Sohn ratterte die Daten von Bau, Zerstörung und Wiederaufbau herunter. Nach drei Minuten war er fertig. Die Jahreszahlen stimmten nicht. »Bitte noch einmal – und dann richtig«, sagte ich. »Außerdem, das war sehr kurz. Wie lang soll das Referat sein?« »Zehn bis 15 Minuten.« »Dann erzähl doch noch was über die Orgel, die es früher in der Synagoge gab, und die Rabbinerin und die Kantorin, die jetzt dort arbeiten.« »Wen interessiert das denn? Das will doch keiner wissen!«, motzte mein Sohn. Ich biss mir wieder auf die Zunge und versuchte, überzeugend zu wirken: »Wenn du ein Referat hältst, musst du die Zuhörer dazu bringen, dass sie sich für das Thema interessieren!«

»Wir machen ein Quiz, dann ziehen wir die Zeit in die Länge«, erklärte der Stratege. »Aha«, sagte ich, »und was sind die Quizfragen?« »Besprechen wir in der Hofpause«, ließ der Sohn verlauten. »Und wer von euch beiden referiert genau was?« »Besprechen wir in der Hofpause.« Damit verschwand er in sein Zimmer.

Ich sah eine Katastrophe heraufziehen. Ich hatte meinen wissbegierigen Sohn mit Wikipedia abgespeist und in der Synagoge war ich zuletzt an Jom Kippur. Asche auf mein Haupt, die Vier im Deutschreferat würde auf mein Konto gehen. Am nächsten Jom Kippur würde ich für alles büßen.

»Unser Quiz war das längste von allen!«, erzählte mir mein Sohn am Abend hochzufrieden. 25 Minuten hätten er und sein

Freund mit dem Thema »Synagoge« in der Klasse bestritten. Ich erzähle Ihnen nicht, dass er für das Referat eine Eins bekommen hat. Sonst denken Sie noch, es läge an mir. Dabei ist der Erfolg doch gerade dann vorprogrammiert, wenn Mama sich nicht einmischt!

43

Warum ich mich auch in 70 Jahren nach Israel sehnen werde

17. April 2018

Israel wird 70. Masal tow! Leider lebe ich nicht in Tel Aviv, wo es die besten Partys gibt, sondern seit 16 Jahren wieder in Berlin. Doch in der Rückblende werden meine Jahre in Eretz Israel – immerhin sechs am Stück! – zur schönsten Zeit meines Lebens, und die Sehnsucht wächst von Jahr zu Jahr.

Früher habe ich über Pantoffelzionisten gelacht, die aus der Ferne Solidarität beschwören und immer das Beste für Israel wollen – nur nicht, ihre Kinder dort zur Armee zu schicken. Heute bin ich selbst Pantoffelzionistin: Ich höre im Fitnessstudio alte Schnulzen von Shlomo Artzi auf YouTube, mache zweimal im Jahr Urlaub in Israel und träume von der Alija und einem sinnerfüllten Leben im Land der Väter.

Wenn ich in Tel Aviv bin, sitze ich nostalgisch aufgelegt in Cafés, die früher mal angesagt waren, oder im Biergarten des gentrifizierten Sarona und sinniere darüber, wie mein Leben als echte Israelin verlaufen wäre (bestimmt hundertmal spannender als in Deutschland). Natürlich vergesse ich, dass ich auch früher das Beste verpasst habe, denn als Journalistin in Tel Aviv war ich nie bei tollen Partys, sondern habe immer nur gearbeitet. Und hatte oft Heimweh. Nach Wald. Nach Berlin. Nach Europa ...

Aber nach 16 Jahren geht mir Berlin gewaltig auf die Nerven. In Eretz Israel ist alles besser! Alle sind spontan, herzlich, direkt! Und die Politik besteht nur aus Highlights: Nie könnte es passieren, dass eine TV-Neujahrsansprache im nächsten Jahr wiederholt wird – was der ARD am 31. Dezember 1986 erst auffiel, als Kanzler Helmut Kohl am Schluss »ein gutes neues Jahr 1986« wünschte.

Nein, in Israel ruft ein Ex-Chef des Schin Bet dazu auf, am Vorabend des Unabhängigkeitstags den Fernseher auszuschalten, wenn der Ministerpräsident spricht. Immer ist Action! Und ganz egal, wer redet – es ist Hebräisch, die schönste Sprache der Welt!

Dass mir die ständige Einmischung der Verwandtschaft in mein Privatleben entsetzlich auf die Nerven ging (mein Onkel Rudi, mittlerweile 103, glänzte immer wieder gerne mit der Frage: »Hast du endlich jemanden kennengelernt?«), blende ich lieber aus. Mittlerweile habe ich ja selbst Familie.

Leider ist mein Mann kein Zionist. Er lehnt Temperaturen über 25 Grad prinzipiell ab. Ich dagegen habe in unserem Pessach-Urlaub darüber nachgedacht, eine Eigentumswohnung in Eilat zu kaufen. Ein Platz an der Sonne, meine private jüdische Heimstätte, wenn ich in Rente bin!

Infrage kam leider nicht das hübsche Grundstück mit Swimmingpool für eine Million Euro, sondern eine Zwei-Zimmer-Wohnung in einer Betonburg an der Hauptverkehrsstraße zum Taba-Grenzübergang. Kostenpunkt: 250 000 Euro.

Zum Glück leiht mir niemand eine Viertelmillion Euro, sonst wäre ich das perfekte Diaspora-Opfer für israelische Immobilienhaie. Aber eines steht fest: Meinem einzigen Sohn werde ich nie erlauben, in einer Kampfeinheit zu dienen.

Israel wird 70. Masal tow! Bis 120 und darüber hinaus! In 70 Jahren bin ich 118. Wenn ich dann noch lebe, finden Sie mich – falls Sie dann noch leben – im jüdischen Altersheim am Lietzensee in Berlin-Charlottenburg. Und an meinen Wänden hängen viele schöne Bilder vom Roten Meer.

44

»Meistens hat sie Kopfschmerzen«: Zwischen Muttertag und Schawuot

14. Mai 2018

Ich hätte nicht erwartet, dass Grundschullehrerinnen von heute den Muttertag in ihren Lehrplan integrieren. Deshalb war ich überrascht, als mir mein Sohn am Sonntag ein »Rätselheft zum Muttertag« überreichte. Unter der Überschrift »Wer ist wer?« beschreiben Viertklässler ihre Mütter.

Zauberhafte Sätze stehen darin: »Ich mag meine Mutter, weil sie so lieb ist« oder »Sie ist immer für mich da. Deswegen ist sie die beste Mama der Welt«. Mein Sohn schrieb: »Meine Mutter ist klein. Sie hat schwarze Haare, weil sie sie färbt. Meine Mutter ist zwischen 40 und 50 Jahren alt. Sie stammt aus Deutschland. Meistens hat sie Kopfschmerzen.«

Irgendwie war ich ein bisschen beleidigt. Obwohl mein Sohn noch ein paar nette Sätze hinterhergeschoben hat: »Ich fände es schön, wenn sie nicht mehr so lange arbeiten müsste. Ich mag es, wenn sie in den Ferien mit mir rausgeht, zum Beispiel mit dem Fahrrad, oder bei schlechtem Wetter mit mir spielt.« Trotzdem fühlte ich mich als Rabenmutter und beschloss, bei der nächsten

Migräneattacke die Städte-und-Ritter-Erweiterung der »Siedler von Catan« bis zum bitteren Ende durchzustehen. Auch wenn es drei Stunden dauert und ich fast immer verliere. Überhaupt will ich mehr Zeit für mein Kind haben – in ein paar Jahren bin ich sowieso abgeschrieben.

Dann fiel mir Schawuot ein und ich hatte schon wieder ein schlechtes Gewissen. »Erinnerst du dich noch an die Zehn Gebote?«, fragte ich meinen Sohn. Seine Antwort: »Ist schon so lange her …« Damit meinte der Neunjährige nicht etwa die Übergabe der Tora am Sinai, sondern seine Zeit in der jüdischen Kita. Seitdem hat er keinen jüdischen Religionsunterricht mehr gehabt.

Was nicht an mir liegt, sondern an der Jüdischen Gemeinde zu Berlin. Schön, dass man sich um die jüdischen Schulen kümmert. Aber was ist mit den Kindern, die staatliche Grundschulen besuchen? Seit Jahren höre ich Beteuerungen und Versprechen, dass bald mit dem Religionsunterricht für Grundschüler begonnen wird. All diese Schwüre und Gelübde werden rechtzeitig zu Jom Kippur wieder aufgelöst. Nie passiert etwas. Nie. Und wenn doch etwas angeschoben wird, verläuft es kurz darauf im Sand.

Ich frage mich: Wozu hat diese Gemeinde acht Synagogen, diverse Rabbiner/innen und Kantor/innen? Wozu bloß zahle ich Gemeindesteuern? Leider kann ich nicht glaubwürdig mit Austritt drohen, weil ich die Statistik der Zentralwohlfahrtsstelle nicht nach unten ziehen will. Also wird mein Wunsch (und der vieler anderer jüdischer Eltern) nach Reli-Unterricht für den Nachwuchs in den Schubladen der Kultusbeamten schmoren, bis der Messias kommt.

Apropos: Anfang Juni ist in Berlin Spatenstich für einen jüdischen Bildungscampus. Wer mich kennt, weiß, dass ich meinen Sohn nicht dorthin schicke. Aber wieso schaffen die

Lubawitscher, was unsere Gemeinde nicht hinbekommt? Soll ich meinem Sohn bis zu seiner Barmizwa etwa selbst die Tora beibringen? Ich verstehe leider nicht viel davon. Jetzt habe ich wieder Kopfschmerzen. Und der Käsekuchen ist auch noch nicht fertig. Chag Schawuot Sameach!

45

Warum ich den Zeitzeugen in meiner Familie nie befragt habe

5. November 2018

Mein Vater hatte einen Cousin. Ich nenne ihn hier Brian, obwohl er in Wirklichkeit anders hieß. Brian lebte mit seiner Familie in London. Als Kinder haben wir wunderbare Urlaube in seinem Cottage auf dem Land verbracht. Brian hieß mit Nachnamen eigentlich Goldmann, so wie wir.

Aber er hat seinen Namen geändert, damit er weniger jüdisch klingt. Ich fand als Kind, dass Brian ein Feigling war. Ich sagte ihm einmal, dass er zu seinem Judentum stehen und wieder unseren Familiennamen annehmen solle. Brian versicherte, er denke ernsthaft darüber nach. Aber er blieb bei der anglisierten Fassung.

Als ich 16 war, hat mir Brian einmal bei einem Besuch in Deutschland einen Kuss gegeben, der ein bisschen länger dauerte als nötig. Später, als ich in Jerusalem studierte, hat er mich zusammen mit seiner Frau besucht. Noch Jahre danach haben die beiden nicht nur mit meinen Eltern, sondern mit der gesamten Verwandtschaft über meine WG gelästert. Wie ich nur auf die Idee kommen konnte, Gäste in ein solches Chaos einzuladen! Ich war ziemlich sauer auf Brian.

Was ich damals nicht wusste: Brian war Zeitzeuge. Er hat als Kind die »Kristallnacht« in Berlin miterlebt und kam wenige Wochen später mit seiner Mutter nach England. Meine Eltern haben mir das erst erzählt, als ich über 30 war. Als ich auf die Idee kam, Brian auf seine Erlebnisse anzusprechen, war er schon tot. Ich habe sehr bedauert, ihn nie gefragt zu haben, wie er sich an diese Nacht erinnert. Meine Eltern sagten, er habe niemals gerne darüber gesprochen. Mit niemandem.

Ich habe auch bedauert, dass ich ihn wegen der Namensänderung verurteilt hatte. Wusste ich denn, welche Angst Brian gehabt hatte? Hatte ich gesehen, was er sehen musste? Hatte ich wahrgenommen, was der Dichter Paul Celan beobachtet hat, der am 9. und 10. November 1938 von Krakau über Berlin nach Frankreich reiste, um dort sein Studium anzutreten? In einem Gedicht schrieb er darüber: »am Anhalter Bahnhof floß deinen Blicken ein Rauch zu, / der war schon von morgen«. Manches im Leben versteht man vielleicht erst spät. Wie den 9. November.

Als Kind war für mich »Kristallnaach« ein Lied von BAP. Den Text kapierte ich nur zur Hälfte. Die Musik fand ich gut, aber wenn der Song im Radio gespielt wurde, war es mir unangenehm. Im Fernsehen gab es am 9. November Reden. Dass Synagogen zerstört wurden, konnte ich mir nicht wirklich vorstellen. Beten gehörte nicht zu unserem Alltag, und in Ulm, wo ich aufgewachsen bin, gingen wir nie in die Synagoge. Es gab dort in meiner Kindheit auch keine Synagoge. Sie war am 9. November 1938 zerstört worden. Eine neue Synagoge wurde erst später wieder eingeweiht.

Weil ich Brian nicht mehr fragen kann, spreche ich heute gerne mit Zeitzeugen. Ich empfinde jedes einzelne Interview als Geschenk. Ich befrage Menschen, die als Kinder die »Kristallnacht« erlebt haben, nach ihrer Erfahrung und schreibe ihre Antworten auf. Aber das, was am 9. November 1938 seinen Anfang nahm, kann ich auch heute nicht begreifen.

46

Video mit Langhantel oder: Wie der 50. Geburtstag kein Nahtoderlebnis wird

17. Januar 2019

Es gibt nichts Gutes – außer, man bereitet es selbst vor. Nach diesem Motto planen meine Freundin und ich eine Party, die für unsere Verhältnisse ein Mega-Event ist: Wir rechnen mit mehr Gästen als bei einer Hochzeit.

Denn es ist ein Schicksalsjahr in unserem Leben: Wir werden tatsächlich 50 – ein Ereignis, das ein Freund nach seiner überstandenen 50er-Geburtstagsfeier (wahrscheinlich in Katerstimmung) als »Nahtoderlebnis« bezeichnet hat.

Wir sehen das viel optimistischer: So fantastisch wie unsere Party werden auch unsere kommenden Jahrzehnte. Also stehen wir schwer unter Druck. Nichts darf schiefgehen – weder bei der Gästeliste noch beim Catering noch bei der Musik. Und dann brauchen wir noch einen Special Act. Was könnte das bloß sein?

Gute Ideen kommen mir im Fitnessstudio, während ich die Langhantel schwinge. Das glaubt mir natürlich keiner, der mich kennt. Ich meine, dass ich da hingehe. Ich gebe offen zu: Sowohl das Studio als auch der Kurs waren die Idee meiner energischen Freundin, in deren Schlepptau ich mich zu einer Mitgliedschaft in einem Charlottenburger Klub entschlossen habe – wo ältere Damen (also Frauen über 50) genauso gern gesehen sind wie junge Athleten mit riesigen Muskelpaketen.

Davor war ich schon mal in einem »cooleren« Studio in Kreuzberg angemeldet, was sich aber leider nur in meinen Kontoauszügen niederschlug. Denn nach dem Probetraining bin ich dort nie wieder aufgekreuzt.

Aber nun ist alles solide: Meine Freundin steht jede Woche neben mir auf der Matte und sorgt dafür, dass wir im Klub nicht nur Kaffee trinken. Und wenn wir die Hanteln über die Köpfe schwingen, fühle ich mich bärinnenstark. An diesem Wochenende, als ich im Studio in den Spiegel schaute, kam mir dann der zündende Einfall für die Party.

Wir sind der Special Act! Allerdings nicht live: Wir drehen ein Video beim Langhanteltraining und zeigen den Gästen nicht nur unseren Bizeps, sondern auch den Trizeps – ein Muskel, von dem ich bis vor Kurzem nicht einmal wusste, dass er überhaupt existiert.

Ausgerechnet wir beide, die Traumatisierten des Sportunterrichts! Bis heute streiten wir darüber, wer immer als Letzte in die Mannschaft gewählt wurde. Natürlich war ich es, denn ich konnte keinen Ball fangen. Auch Schwimmen war eine Pleite: Ich konnte gar nichts außer Brustschwimmen, beim Kraulen soff ich ab und kassierte eine Sechs. Vom Schwebebalken oder Reck wollen wir an dieser Stelle lieber schweigen.

Wenn die Sportlehrer unser Hantel-Video zum 50. Geburtstag sehen könnten, dann wüssten sie, dass aus uns doch noch etwas geworden ist. Wir laden sie aber nicht ein. Sollen die Männer doch denken, was sie wollen!

Auch die Muskelprotze im Studio, die mit drei 20-Kilo-Scheiben an jeder Seite ihrer Langhantel trainieren (wir dagegen maximal mit 4,5 Kilo), lassen uns völlig kalt. Irgendwann packen wir uns mehr Gewichte drauf. Oder auch nicht!

47

Stress beim Friseur oder: Warum ich von der Wiedergeburt als Blondine träume

7. Februar 2019

Bisher habe ich in meinem Leben wenig Grund gesehen, Blondinen zu beneiden. Über dunkelhaarige Frauen werden weniger Witze gerissen, außerdem sind wir natürlich intelligenter. Doch die Wahrheit ist, dass blonde Frauen es besser haben: Alle vier Wochen muss ich inzwischen meine Ansätze färben, während meine blonden Freundinnen insgesamt nur ein Drittel der Summe zum Friseur tragen, die ich dort abdrücke.

Als Kind habe ich meiner Mutter gepredigt, sie solle zu ihren grauen Haaren stehen. Doch selbst bin ich zu dem Schluss gekommen, dass ich mir weißes Haar nicht leisten kann – als aschkenasisches Bleichgesicht würde ich mindestens zehn Jahre älter aussehen.

Mittlerweile kann ich Ex-Kanzler Gerhard Schröder verstehen: Keiner soll merken, dass ich mir die Haare färbe. Deshalb war ich jahrelang Kundin eines Szenefriseurladens in Prenzlauer Berg, der für den Schnitt und die Behandlung mit exklusiver Bio-Haarfarbe 145 Euro verlangt. Weil der Laden so gefragt ist, wurde ich einmal zusammen mit anderen Kundinnen mit nassen Haaren auf den Bürgersteig geschickt, um die Farbe dort trocknen zu lassen, während die Nächsten drinnen Platz nahmen. Ich beschloss, den Friseur zu wechseln.

Mein Herz schlug höher, als ich entdeckte, dass die Bio-Haarfarbe ihren Siegesfeldzug in Kreuzberg fortsetzt. Denn im Bergmannkiez, wo ich mehr als sechs Jahre gewohnt habe, ist mein Stammfriseur. Ich buchte sofort einen Termin. Leider kam ich zu spät, weil die U7 wegen Verzögerungen im Betriebsablauf ausfiel. Als ich keuchend im Friseurladen aufschlug, musste ich feststellen, dass sich der früher dezent hippe Laden in eine Wellness-Oase verwandelt hatte.

»Wann können wir anfangen?«, fragte ich den Friseur. Der antwortete mir, er lasse sich nicht stressen. »Ich muss meinen Sohn in drei Stunden von der Schule abholen«, wandte ich ein. »Das wird knapp«, meinte der Friseur lakonisch. »Ich bin extra nach Kreuzberg gekommen!«, sagte ich wütend. »Ich glaube, bei uns stimmt die Chemie nicht«, erklärte der Friseur. Er könne in meinem gestressten Zustand keine Beziehung zu mir aufbauen.

»Brauchen Sie auch nicht, ich will nur einen Haarschnitt«, sagte ich. Der Friseur beschwerte sich bei seiner Chefin, ich hätte ihn gedemütigt wie niemand je zuvor in seinem Leben. So könne er nicht arbeiten.

Ich beschwerte mich vergeblich über den miserablen Service und rannte durch ganz Kreuzberg zur Konkurrenz. In SO 36 gibt es noch einen Friseur, der die Bio-Haarfarbe verwendet. Der war sogar nett. Aber inzwischen ist auch dieser Laden so hip geworden, dass es nicht mal am Wochenende Termine gibt.

Mir blieb schließlich nichts anderes übrig, als zu konventioneller Haarfarbe zurückzukehren. Immerhin ein Trost: Bisher hat nicht einmal mein Mann den Unterschied gemerkt. Ich verschwende jetzt keine Zeit mehr damit, mich über Friseure zu ärgern. Aber in meinem nächsten Leben möchte ich als Blondine wiedergeboren werden.

48

Die Hölle, das sind die anderen, oder: Warum werde ich ständig unterbrochen?

21. Februar 2019

Journalisten genießen viele Privilegien. Ich auch: In den Winterferien durfte ich meinen Sohn mit ins Büro bringen. Der Neunjährige saß vier Stunden brav am Computer, hörte Musik mit Kopfhörern und unterhielt sich mit meinem Kollegen über Sportberichterstattung. In der Mittagspause sagte er: »Mama, ich will doch nicht Journalist werden.« »Warum nicht?«, fragte ich. »Weil ihr die ganze Zeit im Büro sitzt und auf den Bildschirm starrt«, sagte mein Sohn. »Deshalb bist du jeden Abend so gestresst.«

Ich versuchte, ihm den Unterschied zwischen Redakteuren und Reportern zu erklären – mit mäßigem Erfolg. Anschließend dachte ich nach: Warum bin ich gestresst? Weil ich gerne konzentrierter und effektiver wäre. Aber schon im Jahr 2014 fand man in einer Studie heraus, dass Arbeitnehmer von fünf Tagen im Büro nur drei Tage produktiv sind. »Sinnlose Unterbrechungen und Ablenkungen verhindern, dass wir effizient arbeiten. Zehn bis 15 Prozent der Arbeitszeit kosten die Unterbrechungen«, so die Studie.

Das glaube ich sofort. Es ist noch nicht einmal elf Uhr, und ich bin bei dem Versuch, einen Text zu schreiben, schon 17-mal unterbrochen worden. Den ersten Auftritt hatte Kollege A, ein Tierfan, der gerne Fotos von Hundewelpen zeigt. Es folgte Kollegin B mit einer Geburtstagskarte für den Kollegen A: »Bitte unterschreiben!« Nichts gegen die werte Belegschaft, aber warum müssen die Leute dauernd Geburtstag haben? Wir könnten alle vier Jahre am 29. Februar kollektiv feiern und uns gegenseitig Blumensträuße überreichen, dann wäre Schluss mit der ständigen Gratuliererei. Aber das darf man ja nicht laut sagen, sonst gilt man gleich als Misanthropin.

Als Nächster erschien Kollege C mit der Bitte, seine Seite zu lesen. Ich folgte der Aufforderung und hatte meinen Text prompt vergessen. Es folgte Kollege D mit der gleichen Bitte. Wieder ließ ich den Text liegen. Anschließend klingelte das Telefon. Am Apparat war der stellvertretende Gemeindevorsitzende aus Obergrummelbach: Sein Titel sei in der vergangenen Ausgabe nicht richtig wiedergegeben worden. Was für eine Schande, und das in einem jüdischen Blatt! Sein Anwalt sei bereits eingeschaltet. Schönen Tag noch!

Kollege E ist beim Arzt. Vielleicht hat man ihn zu oft bei der Arbeit unterbrochen. War ich das? Kollege F ist anwesend, aber mit Dienstagmorgenlaune. Der guckt schon wieder so grantig. Was habe ich ihm getan? Ich denke immer, dass ich schuld bin – eine jüdische Eigenschaft, die das Leben enorm erleichtert. Danach gehe ich in die Küche und koche Kaffee. Arabischen Kaffee gegen die Kopfschmerzen, die sich wieder anbahnen. Und jetzt würde ich gerne in Ruhe schreiben. Nur einen einzigen Text ...

Aber gleich wird die nächste Sitzung einberufen. Und dann noch eine. Alle reden die ganze Zeit. Per E-Mail und per WhatsApp regnet es Bildnachrichten. Muss das sein? War die Welt nicht besser ohne diese sinnlos ausufernde Kommuniziererei? Ich warne euch alle: Seht euch vor, liebe Kolleginnen und Kollegen! Wehe dem Nächsten, der in mein Zimmer kommt!

49
Warum Kinder spießige Mütter brauchen

22. März 2019

Mein zehnjähriger Sohn will das Klima retten. »Mama, schreibst du mir eine Entschuldigung? Ich will zu ›Fridays for Future‹«, bettelte er in der vergangenen Woche jeden Tag.

»Nichts da«, sagte ich. »Ihr schreibt eine Klassenarbeit.« »Aber nur in der ersten Stunde«, sagte mein Sohn. »In den letzten sechs Stunden kann ich demonstrieren. Außerdem gehen Friedrich, Eckbert und Martha auch hin.« Ich blieb hart. »Mir egal, was Friedrich, Eckbert und Martha machen. Du kannst viel mehr für das Klima tun, wenn du weniger Plastiktüten benutzt und nicht so viel Essen auf deinen Teller lädst, das wir danach wegwerfen müssen«, argumentierte ich und fühlte mich wie die schlimmste Spießerin auf Erden.

Mein Sohn sah mich an, als sei ich die schlimmste Spießerin auf Erden, baute sich vor mir auf und rief: »Was nützt mir gute Bildung, wenn wir eine Scheiß-Zukunft haben? Es gibt keinen Planet B!« Er hat ja recht. Aber wenn ich schon in der fünften Klasse anfange, Entschuldigungen für Polit-Events zu schreiben, wird es dabei nicht bleiben – und mein Sohn, wie ich ihn kenne, wird sich auf den Präzedenzfall berufen.

Das tut er bereits: Am Freitag, behauptete er, habe er in der Schule schrecklich gefroren. Deshalb sei er jetzt krank. Wäre er zu »Fridays for Future« gegangen, wie angeblich Martha (Friedrich und Eckbert, stellte sich heraus, waren doch nicht auf der Demo), hätte er sich nicht erkältet. Dabei war ich heute Morgen, so hörte ich im Schulsekretariat, schon die siebte Mutter, die aus seiner Klasse ein krankes Kind gemeldet hat. Als ob jedes Fiebervirus mit dem Klimawandel zu tun hätte!

»Warum hast du ihm nicht erlaubt, zur Demo zu gehen?«, fragte mich eine Freundin. Weil ich finde: Kinder brauchen spießige Mütter! In den 80ern tummelten sich auf jeder Friedensdemo die Lehrer unserer progressiven Gesamtschule. Mit 14 habe ich eine damalige Freundin vom Humboldt-Gymnasium schwer beneidet – sie hatte einen schrecklichen Latein-Pauker. Ein echtes Feindbild! Was meinen Sie, warum mein Sohn ein altsprachliches Gymnasium besucht?

Aber Pauker sind heutzutage auch nicht mehr, was sie einmal waren. Auf dem Schreibtisch meines Sohnes habe ich einen roten Ordner »Politische Themen« entdeckt, darin Texte aus dem »Gewi«-Unterricht (so nennt man heute in Berlin Sozialkunde) zu »Fridays for Future« und ein kopiertes Pro und Contra aus dem Kinder-*Spiegel*: »Sollen Schüler für das Klima streiken?«

Eine Berliner Schülervertreterin schreibt da, in Zukunft werde vielleicht die beste Schulbildung nicht mehr viel nützen. Die Bildungsministerin aus NRW meint: »Die Schulen müssen neutral bleiben. Natürlich kann man sich auch innerhalb der Schule mit dem Klima beschäftigen.« Meinem Sohn gegenüber werde ich die Ministerin herauskehren! Zu »Fridays for Future« darf er frühestens im Mai – wenn wegen der Abi-Prüfungen der Unterricht sowieso ausfällt. Falls der Planet dann noch existiert.

50

Festhalten an Eichenholzfässern oder: Warum Israel den Golan behalten sollte

3. Mai 2019

Wieder haben wir einen Seder hinter uns gebracht, und auch diesmal habe ich eine der wichtigsten Mizwot nicht vollständig erfüllt. Und zwar nicht aus religiösen, sondern aus gesundheitlichen Gründen: Ich schaffe es nie, vier Gläser Wein zu trinken.

Schon ein kleines Gläschen von 0,1 Liter ist für mich eine Überdosis – der Migräneanfall am nächsten Morgen folgt garantiert. Und Migräne sollte man am ersten Tag von Pessach tunlichst vermeiden, denn irgendjemand muss ja das Chaos nach dem Sederabend aufräumen.

Doch interessanterweise komme ich mit Golan-Wein klar (jedenfalls in winzigen Mengen): Der Cabernet Sauvignon aus den Weinkellern von Katzrin ist der einzige rote Tropfen, der meinen Kopf auch am nächsten Tag noch halbwegs funktionieren lässt.

Aus diesem Grund stand ich unmittelbar vor Pessach zusammen mit Dutzenden ungeduldiger Berlin-Touristen schon kurz vor der Öffnung vor dem KaDeWe, um mir in der Spirituosenabteilung drei Flaschen Golan-Rotwein für den Seder zu sichern –

Gamla für 17 Euro pro Stück. Leider war die noch teurere Sparte Yarden nicht im Angebot. Oder ausverkauft?

Wider Erwarten hielt sich der Ansturm vor dem israelischen Weinregal in Grenzen. Wahrscheinlich haben die jüdischen Kunden zu dieser Stunde noch ihren Prä-Pessach-Kater ausgeschlafen oder waren zu gestresst vom Pessachputz. Oder sie hatten sich schon in die Osterferien verabschiedet. Ich gehe ja sonst auch nicht um zehn Uhr morgens ins KaDeWe.

Mein Mann schüttelte den Kopf, als ich die Flaschen anschleppte. Er findet, Preis und Leistung stünden in keinem Verhältnis. Aber er ist im Gegensatz zu mir auch kein Migränepatient. Ein Hoch auf den Golan-Wein. LeChaim! Viermal am Glas zu nippen, hat mich nicht ausgeknockt. Auch dieses Jahr bin ich wieder gesund und heil aus Ägypten ausgezogen.

Damit Sie mich nicht falsch verstehen: Ich bin kein Fan der Idee von Benjamin Netanjahu, die nächste Siedlung auf den Golanhöhen nach Donald Trump zu benennen. Auch den in Israel bereits diskutierten Vorschlag, alle Trampiaden (die Bushaltestellen, an denen auch Soldaten trampen) in Trumpiaden umzubenennen, halte ich für wenig subtil.

Mir geht es nicht um Politik, sondern nur um ein bisschen Promille. Fiele der Golan an Syrien zurück, wäre zu befürchten, dass Sunniten und Schiiten in seltener Eintracht die Fässer aus französischem Eichenholz samt Inhalt vernichten würden. Die vulkanischen Böden des Hochplateaus lägen brach, um Muslime nicht in Versuchung zu bringen. Und ich hätte wieder Kopfschmerzen, wenn ich ein Glas Rotwein auch nur anschaue.

Kein Alkohol ist bekanntermaßen auch keine Lösung. Rick Blaine aus *Casablanca* würde sich, nach der Zukunft der Golanhöhen gefragt, meiner Position sofort anschließen. (»Welche

Nationalität haben Sie?« »Ich bin Trinker.«) Allerdings: Wenn in Katzrin die Rebsorte »Donald« auf den Markt kommt, dann trinke ich zu Pessach lieber Traubensaft.

51

Hitze wie in Eilat im August oder: Warum 50 nicht das neue 30 ist

29. Mai 2019

Klatsch und Tratsch aus Hollywood sind eine ideale Ablenkung, wenn man dazu aufgelegt ist. Leider war ich extrem missmutig, als ich neulich beim Arzt im Wartezimmer saß. Aus dem Regal mit den Illustrierten sprang mir die Schlagzeile eines Promi-Magazins ins Auge: »50 und glücklich wie nie!«

Ich schnappte mir das Heft: Im Text wurden die glückliche Jennifer Aniston, die glückliche Catherine Zeta-Jones und weitere glückliche Frauen gehypt, die dieses Jahr 50 werden. In einem fort nur Elogen: »Maria Furtwängler hat den runden Geburtstag vor zwei Jahren gefeiert. Und, wie fühlt es sich jetzt an? ›Ich finde: 50 ist das neue 30‹, so die Schauspielerin lächelnd.« Ich dachte: »Blöde Schnalle!«

Aber es kam noch schärfer: »Während viele Männer in der Midlife-Crisis versuchen, ihre Jugend zurückzuholen, hadern Frauen nicht mit den Wechseljahren. Schneller als die Hitzewallungen kommen, muss so mancher Gatte gehen«, behauptete die Autorin.

Auf der Stelle wollte ich die Zeitschrift zerreißen, wurde aber ins Sprechzimmer gerufen, um mich über Dinge auszulassen, mit denen glückliche 50-Jährige null Problem haben. Muss wohl daran liegen, dass ich erst 49 und keine Schauspielerin bin. Wahrscheinlich wache ich nur deshalb um halb vier Uhr morgens auf und fühle mich wie mittags in Eilat an einem Augusttag in der prallen Sonne.

Ganz anders ergeht es angeblich Jennifer Aniston, die im wohltemperierten Kalifornien jede Nacht durchschläft und nie mit ihren Wechseljahren hadert, wie man auf den Fotos sieht. Die Frau ist glücklich, einfach nur glücklich! Sie hat ja auch schon ihren zweiten Gatten entsorgt. Habe ich irgendetwas falsch gemacht?

Dann erinnerte ich mich an Werbeplakate in Israel in den 90er-Jahren. Auf Hebräisch stand da in riesigen Lettern: »Ischtecha bat 50 – deine Frau ist 50? Schmeiß die Alte raus und triff dich mit einer jungen Russin!« Darunter eine lächelnde junge Blondine und der gedruckte Lockruf: »Heirate mich!«

Wie sich herausstellte, war die Kampagne keine Satire, sondern ernst gemeinte Werbung einer Heiratsagentur mit Vermittlungsschwerpunkt Osteuropa. Nach Protesten von Frauenorganisationen wurden die Plakate abgehängt. Heute wären sie wegen mangelnder politischer Correctness wohl nie gedruckt worden.

Geht es uns Frauen deshalb besser? Keine Ahnung. Aber wir haben mit 50 immerhin Gelegenheit, darüber nachzudenken. Noch vor 150 Jahren starben viele Frauen lange vor der ersten Hitzewelle, bei der Entbindung oder im Wochenbett. Um noch einmal die Zeitschrift zu zitieren: »Statistisch gesehen haben 50-jährige Frauen heute noch 34 Lebensjahre vor sich. Zeit, die sie sinnvoll füllen möchten.«

Ich hoffe sehr, dass mein Mann mindestens bis 64, wie einst die Beatles sangen, zu mir hält und mich auch bis zu meinem

84. Geburtstag nicht gegen eine junge Russin austauscht. Aber meine Chancen stehen nicht schlecht. Als ehemaliger DDR-Bewohner erinnert er sich nur ungern an die sowjetische Besatzung. Lieber erträgt er wohl mich. Auch dann, wenn ich grantig bin wie nie!

52

Kater vor dem Jubiläum oder: Warum eine neue Mauer auch keine Lösung ist

7. November 2019

Ganz Deutschland feiert 30 Jahre Mauerfall. Ich nicht. Ich werde mir die Decke über den Kopf ziehen und auf keinen Fall eine Sektflasche öffnen, weil ich jetzt schon in Katerstimmung bin. Ganz anders als beim 25. Jahrestag des Mauerfalls habe ich dieses Mal nicht die geringste Lust, mir Dokus und Erinnerungssendungen anzuschauen.

Wie gut, dass der 9. November auf einen Schabbat fällt. Ein guter Grund, den Fernseher gar nicht erst anzuschalten. Historische Aufbruchstimmung war gestern! Mein erster Gedanke nach der Thüringen-Wahl: »Keine Mehrheit für die Demokratie! Warum können wir die Mauer nicht wieder aufbauen?«

Aber das wäre ja ungerecht. Schließlich haben nur 23 Prozent der Thüringer Wähler den West-Import Björn Höcke gewählt – einen Mann, der in Hessen Beamter bleiben kann, obwohl man ihn ungestraft »Faschist« nennen darf. Der brandenburgische AfD-Chef Andreas Kalbitz wiederum ist Bayer. Eine neue Mauer würde da nicht helfen. Außerdem könnten uns dann meine Schwiegereltern aus Sachsen nicht mehr in Berlin besuchen. Und sie können nichts dafür, sie haben noch nie AfD gewählt. Aber was hilft sonst?

Eine Freundin erzählte mir am Wochenende, Ikea habe nach der Thüringen-Wahl die WC-Bürste »Höcke« (dunkelbraun, mit Halter) für 99 Cent auf den Markt gebracht. Das ist aber nicht wahr. Es handelt sich um eine Satire aus dem letzten Jahr. In Wirklichkeit ist die Klobürste nicht dunkelbraun, sondern schwarz, und sie trägt den Namen »Bolmen« in Anlehnung an den größten See im westlichen Teil von Småland in Schweden.

2017 wurde das angebliche Ikea-Produkt schon einmal durch die sozialen Medien gespült: Brexit-Gegner nannten sie »Farage« – nach dem britischen Politiker Nigel Farage, der seit 2019 die Brexit-Partei anführt. Doch der schwedische Einrichtungskonzern distanzierte sich umgehend von der Fälschung.

Was lernen wir daraus? Dass der Witz nicht gut war. Wir brauchen keine dunkelbraunen Klobürsten, sondern lieber tiefschwarzen Humor zum Erhalt unseres jüdischen Immunsystems. Schön wären in diesem November auch ein paar Sonnenstrahlen. Aber woher soll das alles kommen, wenn man missmutig und für das Solarium zu hellhäutig ist?

Ich habe nur eine Lösung: Winterschlaf. Nach Diktat meines Textes kann ich zwar leider nicht verreisen – Urlaub war gestern –, aber ich habe beschlossen, einfach abzuschalten. Und das nicht nur am Schabbat: Bis zur ersten Chanukkakerze lasse ich nichts mehr an mich herankommen. Weder Nachrichten noch das Wetter.

Wenn eine Mauer quer durch Deutschland nicht hilft, dann baue ich eben meine eigene Mauer. Mit Kissen in meinem Bett. Bis jemand mir die Decke wegzieht oder die Gemeindetagsbesucher im Dezember ein paar wirklich gute Witze nach Berlin mitbringen. Ganz egal, ob aus dem Osten oder aus dem Westen.

53
Solidarität ist anstrengend oder: Warum ich mich vorm Kippabasteln drücke

28. November 2019

Ich habe nichts gegen Solidarität mit Juden. Im Gegenteil, ich finde es toll, wenn sich engagierte Menschen für unsere kleine Minderheit einsetzen – obwohl wir manchmal alleine besser klarkommen würden und auch weniger Arbeit hätten. »Kommst du am Samstag zum Kippabasteln?«, fragte mich neulich ein Freund, der Grundschullehrer in Berlin ist. Im Zeichen der Toleranz will er religiöse Symbole praktisch vermitteln. Kreuz, Hidschab und Kippa!

Ich versuchte mich herauszureden, aber das Argument »Kippabasteln am Schabbat ist verboten« hätte nicht gezogen. Dazu kennt mich der Lehrer zu gut. Also sagte ich: »Ich kann nicht basteln. Außerdem habe ich keine Zeit.« »Schade, gerade für die jüdischen Schüler wäre Unterstützung so wichtig«, sagte der Lehrer. »Und was ist mit den jüdischen Eltern an der Schule?«, fragte ich. »Die wollen auch nicht«, gab der Pädagoge zu. Warum wohl?

In einer anderen Berliner Schule, erzählte mir eine Mutter, hätten Lehrer ihre Schüler aufgefordert, aus Solidarität mit uns

Juden jedes Wochenende in die Synagoge zu gehen. Und zwar jedes Mal in eine andere, damit die jungen Menschen alle Richtungen des Judentums kennenlernen, von liberal bis orthodox.

Auch von diesem Vorschlag halte ich wenig. Schließlich können wir den Schülern keine leeren Synagogen präsentieren. Das wäre peinlich. Also müssten auch wir jeden Schabbat zum Gottesdienst erscheinen, denn wie soll Solidarität mit Juden ohne Juden funktionieren? Aber so solidarisch bin ich nicht mal mit mir selbst. Ich will lieber ausschlafen.

Die Schüler, vermute ich, auch. Und erst recht der Kolumnist von Seite 17, der darüber schreibt, dass Juden daran denken könnten, ihre Koffer in Reichweite zu stellen. Der packt seinen Koffer doch nur, wenn er in Urlaub fährt.

Mein nichtjüdischer Mann pflegt seine eigene Form der Solidarität, die auch sehr anstrengend ist. Während ich mich seit dem Anschlag von Halle dem Weltschmerz hingebe, mit Tränen in den Augen *Andre, die das Land so sehr nicht liebten / War'n von Anfang an gewillt zu geh'n* von Theodor Kramer in der Zupfgeigenhansel-Version höre und an meine Großeltern denke, die in den 30er-Jahren Deutschland verlassen mussten, verweist er darauf, dass trotz der schockierenden Morde die Welt morgen noch nicht untergehen werde. Die AfD sei nicht die NSDAP.

Kontere ich, dass die AfD in Programmen für ein Schächt- und Beschneidungsverbot eintritt, sagt mein Mann, es gebe doch Schlimmeres. An diesem Punkt war ich kurz davor, meine Ehe aufzukündigen. »Du kapierst es einfach nicht!«, schrie ich. »Ohne Religionsfreiheit kein Judentum! Du bist nicht auf meiner Seite!« Dann warf ich ihn aus dem Schlafzimmer.

Eine halbe Stunde später kam er zurück und grinste. »Ich bin 100 Prozent auf deiner Seite«, sagte er. »Und ich werde jederzeit für dein Recht eintreten, eine Ziege zu schächten. Hauptsache, du machst es nicht in unserer Wohnung. Okay?« Leider musste ich lachen. Wer will schon zu Hause Ziegen schächten, solange es woanders erlaubt ist? Dann schon lieber Kippabasteln.

54
Koscheres Sushi und Tarzan am Boden – Warum der Gemeindetag ein Erfolg war

3. Januar 2020

»Man wollte uns umbringen. Wir haben überlebt. Lasst uns essen!« Hinter jedem offiziellen Motto, das ist jedenfalls meine Theorie, gibt es eine inoffizielle Agenda – auch beim Gemeindetag des Zentralrats in Berlin.

Ich glaube fest daran: Die Küche hat die 1000 Teilnehmer des großen jüdischen Treffens 24 Stunden am Tag mit Essen vollgestopft, damit sich auch der letzte Nörgler »in Deutschland zu Hause« fühlt und es allen anderen Juden in seiner Gemeinde weitererzählt. Denn wie könnte man sich unbeheimatet fühlen in einem Land, in dem es unmöglich ist, einem koscheren Büfett auszuweichen?

Schokoladen- und Orangen-Macarons, Vollkornbagel mit Dattel-Peperoni- oder Avocado-Creme, Mandeltörtchen und Schokolade-Chalva-Dessert, koschere Colafläschchen-Gummibärchen und koscherer Kaffee, der sogar am Schabbat schmeckt ... In vier Tagen habe ich vier Kilo zugenommen. Schon ohne die Hauptmahlzeiten war mein Magen überfüllt. Natürlich bin ich trotzdem zu fast allen Essenszeiten in den großen Saal des Hotels gegangen und werde weder den koscheren Lachs noch das koschere Sushi jemals vergessen. Ich habe auch allen meinen Freunden davon erzählt.

Nur am Freitagabend war ich nicht im Speisesaal, sondern zu Hause – in meiner Wohnung. Und ich gebe zu: Ich war sehr erleichtert darüber, dass unser Kühlschrank leer war – bis auf ein paar koschere Shrimps. Ich konnte einfach kein Essen mehr sehen.

So sind mir entscheidende Eindrücke entgangen. Auch bei der Gala in der Nacht zu Sonntag war ich nicht lange genug vor Ort, um als Augenzeugin über die Wirkung von »Absolut Vodka« auf die Teilnehmer berichten zu können. Laut dem, was mir berichtet wurde, fühlten sich einzelne Teilnehmer mit einigen Promille unter dem Tisch zu Hause.

Aber das war natürlich nur eine winzige Minderheit, denn traditionell vertragen Juden ja keinen Alkohol. Und auch unsere Zuwanderinnen und Zuwanderer aus den Ländern der ehemaligen Sowjetunion haben sich an diesem Abend sehr zurückgehalten.

Alles lief bestens, auch die Terrorgefahr auf dem Weihnachtsmarkt am nahe gelegenen Breitscheidplatz stellte sich glücklicherweise als Fehlalarm heraus. Richtig geärgert habe ich mich nur über einen einzigen Gemeindetagsteilnehmer. Der schickte mir schon vor Monaten eine E-Mail, die ich sofort gelöscht habe. Der Mann hatte meine Glosse übers Klettern im Hochseilgarten gelesen und schrieb mir (sinngemäß): »Ich Tarzan, du Jane! Wir sehen uns beim Gemeindetag!«

Als ich ihn ignorierte, begann er, meinen Kolleginnen nachzustellen. Unter anderem schwebte ihm offenbar ein Treffen zu vorgerückter Stunde vor. Wir haben den Mann erfolgreich in die Flucht geschlagen und hoffen, er kommt nie wieder nach Berlin. Jetzt freuen wir uns auf 2023. Oder vielleicht schon auf 2022? Wann gibt es wieder vier Tage lang Kaffee mit Sojamilch? Wann ist endlich wieder Gemeindetag?

55

Nasi Goreng in New York oder: Wer ist schuld am Coronavirus?

19. März 2020

Das Jahr 1942, New York, im China-Restaurant: Ein Jude bestellt Nasi Goreng. Er wirft dem Kellner seinen vollen Teller ins Gesicht und schreit: »Für euren Angriff auf Pearl Harbour!«

Der Chinese ist außer sich: »Das waren die Japaner!« »Chinesen, Japaner, ihr seht doch alle gleich aus!«, ruft der Jude. Der Kellner wischt sich den Reis aus den Augen. Dann knallt er seinem Gast eine volle Teetasse an den Kopf. »Für die Titanic!«, ruft er. Der Jude wütet: »Was kann ich dafür? Das war ein Eisberg!« »Eisberg, Goldberg, Grünberg ... Wo ist der Unterschied?«, fragt der Kellner.

Man könnte den beiden zugutehalten, dass in schweren Zeiten Verschwörungstheorien blühen. Leben wir schon in schweren Zeiten? Anfang März wurden japanische Fußballfans beim Spiel von RB Leipzig gegen Bayer Leverkusen des Stadions verwiesen, weil man sie für Chinesen hielt.

Der Taxifahrer, mit dem ich neulich unterwegs war, war noch besser informiert. »Hinter Corona steckt Benjamin Netanjahu«, behauptete er. »Der ist schlau. Jetzt ist sein Prozess abgesagt. Die Zionisten haben das Virus im Labor entwickelt und nach Japan eingeschleust. Und dann verkaufen sie ihren Impfstoff teuer an die ganze Welt ...«

»Und was haben die Japaner damit zu tun?«, unterbrach ich ihn. »Japaner, Chinesen, die sehen doch alle gleich aus«, sagte der Taxifahrer. Meinen Einwand, dass die israelische Börse zurzeit starke Einbrüche verzeichnet, ließ er nicht gelten. »Das haben die Rothschilds mit eingerechnet«, behauptete er.

Ich vermute, er kennt Rabbiner Rothschild nicht, bei dem ich an Purim einen (wohl auf absehbare Zeit letzten) fröhlichen Abend in Gesellschaft verbracht habe. Sonst wüsste der Taxifahrer, dass nicht jeder Rothschild steinreich ist. Aber Rabbiner sehen für ihn wohl auch alle gleich aus. Manche Geistliche, von denen ich es nicht erwartet hätte, werden übrigens in Zeiten von Corona sehr vernünftig. Der iranische Großajatollah Naser Makarem Shirazi sagte laut einem Zeitungsbericht, falls die Israelis ein Serum gegen Corona entwickelten, hätte er nichts dagegen, wenn der Iran es kaufen würde.

Zwar sei es prinzipiell verboten, mit Zionisten Geschäfte zu machen. »Wenn aber die Behandlung einzigartig ist und es keine Alternative dazu gibt, dann ist das kein Hindernis«, befand der Geistliche. Ich finde, die israelische Regierung sollte sofort ein Telegramm nach Teheran schicken. Serum gegen Frieden!

Unterdessen habe ich letzte Woche ein Buch ergattert, das fast so alt ist wie der Witz mit dem Eisberg. Zurzeit nicht lieferbar, sagte meine Buchhändlerin. Trotzdem kam ich an *Die Pest* von Albert Camus, und das ganz ohne Hilfe zionistischer Strippenzieher: Ein Exemplar war noch zum D-Mark-Preis gelistet.

Seitdem erzähle ich jedem, der es hören will oder auch nicht, dass das Coronavirus nicht wie ein Pestbakterium aussieht. Aber der Taxifahrer sagte nur: »Wer hat die Brunnen vergiftet? Die Rothschilds!« Oder die Grünbergs. Wer sonst?

56
Schön in die Quarantäne oder: Warten auf den Good Hair Day

17. April 2020

Mein Ex-Friseur, von dem ich mich aus Kostengründen trennen musste, hat mir eine E-Mail geschickt. »Sichert euch jetzt noch die letzten Termine, bevor die Salons in Berlin zwangsgeschlossen werden«, appellierte der Inhaber des Szeneladens in Prenzlauer Berg am 13. März an seine Kundinnen.

»Mit schönen Haaren in die Quarantäne!« Fast wäre ich dem Ruf gefolgt, wollte aber meinem neuen Friseurladen »Herr & Frau Knorke« in Kreuzberg treu bleiben. Ich habe die Zeichen der Zeit nicht erkannt. Vier Tage, nachdem ich die E-Mail ignoriert hatte, musste mein Mann in Quarantäne. Ich blieb mit Mann und Sohn in unserer Wohnung in Friedenau.

Prenzlauer Berg und Kreuzberg waren auf einmal Welten entfernt. Aber der Haarschnitt war mein geringstes Problem. Mich sah ja niemand. Viel schlimmer war beginnender Muskelschwund, das fehlende Langhanteltraining rächte sich schnell.

Ich trainierte ersatzweise mit zwei vollen Weinflaschen, aber nachdem mir der Weißwein aus kontrolliert organischem Anbau völlig unkontrolliert aus der Hand gerutscht war, gab ich es wieder auf.

Meine Rettung war ein alter Hometrainer auf unserem Balkon, dort schien bis zwölf Uhr mittags die Sonne. Ich hielt mein Gesicht schräg ins Licht und grölte den Liedtext von *Bruttosozialprodukt* laut mit: »Sie amputierten ihm sein letztes Bein. Und jetzt kniet er sich wieder mächtig rein …« Zum Glück haben die Nachbarn meinen Gesang ertragen. Ich hatte noch mehr Glück: Wir sind nicht krank geworden.

Die Quarantäne endete, die Sommerzeit begann. Auf unserem Balkon scheint jetzt die Sonne bis 13 Uhr. Ich habe meine Haare mit Ansatztönung aus der Drogerie gefärbt und strampele auf dem Hometrainer zum Hit von Fehlfarben: *Ein Jahr (Es geht voran)*.

Sehr überrascht war ich, als Anfang April Herr Knorke anrief. Ob ich einen Termin wolle? Man sei auf Wochen ausgebucht. »Moment mal«, unterbrach ich ihn, »ihr seid doch geschlossen, vergebt ihr jetzt schon Termine?« »Klar, warum denn nicht?«, fragte Knorke.

»Gut, dann am 15. Mai«, sagte ich und glaubte keine Sekunde an die Lockerung der Corona-Kontaktsperre und einen neuen Haarschnitt. Hauptsache, mein Friseur fühlt sich gefragt! Was mache ich bis 15. Mai? Friseurscheren sind in der Drogerie ausverkauft. Zur Geflügelschere will ich nicht greifen, davon raten die Experten im Internet dringend ab.

Falls mich jemand auf meine Haare anspricht, werde ich mich mit der Omerzeit herausreden. Zwischen Pessach und Schawuot ist Haareschneiden verboten. Aber es gibt eine Ausnahme: Lag BaOmer, der 12. Mai! Für den Fall, dass Knorke seinen Termin nicht halten kann, habe ich bei Amazon für den »Good Hair Day«

der Jüdinnen und Juden schon eine hochwertige Friseurschere bestellt. Wie das Ergebnis aussieht, werden Sie nie erfahren.

Falls unsere Regierung Frauen in ihren besten Jahren gezielt sozial isolieren will, sollte sie die Friseurläden bis Ende des Jahres geschlossen halten. Wahrscheinlich bin ich nicht die Einzige, die dann auf den Einkauf bei Edeka verzichtet und lieber in den eigenen vier Wänden bleibt.

57
Kampf der Müslimotte oder: Immer nur ein Besenstrich

7. Mai 2020

Es war kurz nach Pessach, an einem schönen Frühlingsabend, als ein leider allzu gut bekanntes Flugobjekt durch unser Küchenfenster flatterte. »Verschwinde, elende Motte!«, schrie ich den Falter an und breitete die Handflächen aus.

Mein Sohn sah mich traurig an: »Die Motte hat doch auch ein Recht auf Leben …« »Nicht in meiner Küche!«, rief ich und merkte, wie sich Hass in mir ausbreitete. Schon im vergangenen Herbst hatte ich einen Feldzug gegen die Müslimotte, bekannt auch als Mehlmotte (*Ephestia kuehniella*), geführt, alle Schränke mit Essigreiniger ausgewischt, jeden winzigen Rest von Reis und Nudeln in Gläsern verstaut. Trotzdem sind die Motten zurückgekehrt.

Das war ein Fehler, den sie bereuen werden. Denn nichts brauche ich in Zeiten von Corona dringender als einen besiegbaren Gegner. »Merkt euch eins«, sagte ich zu meinem Mann und meinem Sohn, »die Müslimotte ist unser Feind! Gegen Corona gibt es noch keinen Impfstoff. Aber wenn ich hier noch einmal eine Motte sehe, garantiere ich für nichts.«

In den Küchenschrank stellte ich zwei Fallen, am nächsten Morgen rief ich die Männer um acht Uhr zum Appell. »Wer ist unser Feind?«, fragte ich. »Die Müslimotte«, sagte mein Sohn folgsam. Ein Propagandaerfolg, den ich am Abend gerne wiederholen wollte. »Unser Feind ist ...?«, fragte ich zwölf Stunden später. Mein Sohn sah von seinem Lateinbuch auf und sagte: »Hannibal!«

Nur allzu gerne würde ich den Müslimotten ein Ende bereiten, das dem des karthagischen Feldherrn ähnelt. Doch Hannibal wurde nicht an einem Tag geschlagen, und auch ich muss mich mit kleinen Erfolgen begnügen, im Homeoffice in der Küche, wo mein Sohn ständig um mich herumschwirrt und auf meinen Bildschirm starrt. »Wenn du über mich schreibst, will ich alles vorher lesen«, verlangt er.

»Was ist dein Thema?«, wollte mein Mann wissen, als er nach Hause kam. »Die Müslimotte«, sagte ich. »Aha. Die Müslimotte und die jüdische Frage«, war seine Reaktion. Noch während ich über Hannibals Elefanten, die Juden und die Mottenfrage nachdachte, rief eine Freundin an und prophezeite, das Coronavirus sei der Anfang vom Ende der westlichen Zivilisation. »Sieh doch nicht so schwarz«, sagte ich.

Ich werde schon sehen, was ich davon hätte, wenn ich nicht an den Weltuntergang glaubte, sagte die Freundin. Eine zweite erzählte mir verzweifelt, dass sich ihre Söhne vor Frust über das Homeschooling im Kinderzimmer prügeln. Eine dritte Freundin hat einen Verschwörungstheoretiker als Chef, der Corona für eine Erfindung der italienischen Mafia hält.

Doch wozu Probleme wälzen, die ich nicht lösen kann – in Zeiten, wo nicht einmal die Putzfrau kommt? Mein neues Vorbild ist Beppo Straßenkehrer aus Momo: »Man muss nur an den nächsten Schritt denken, den nächsten Atemzug, den nächsten Besenstrich.« ... Ich habe mir eine weitere Flasche Essigreiniger und eine neue Spezialfalle gekauft. Mit Motten-Sekundenkleber. Wehe der Müslimotte, die sich jetzt noch in unsere Küche verirrt!

58
Neues von der Schule oder: Immer wieder mittwochs

23. Mai 2020

Vollversammlung der Gewerkschaft Büroklammer, Kreide und Schiefer. Gewerkschaftsboss Heini Müller verkündet einen Riesenerfolg bei den Tarifverhandlungen: »Liebe Kolleginnen und Kollegen, wir haben die Eintagewoche bei vollem Lohnausgleich durchgesetzt. Von jetzt an arbeiten wir mittwochs!« Lang anhaltender Beifall. Nur einer klatscht nicht. Kollege Schlomo Stinkstiefel meldet sich zu Wort: »Heini, meinst du jeden Mittwoch?«

An diesen Witz fühlte ich mich erinnert, als ich die E-Mail mit dem Corona-Update aus der Schule meines Sohnes öffnete. Die derzeitige hohe Betreuungsdichte im Online-Unterricht sei nicht mehr umsetzbar, wenn ein Großteil der Lehrkräfte jeden Tag auch vor Ort mehrere Stunden eingesetzt werde, hieß es. Daher werde der Unterricht für die sechsten Klassen ab Anfang Juni bis zu den Sommerferien »immer mittwochs« erfolgen. Ich habe nicht einmal mehr die Kraft, mich darüber aufzuregen.

Gut, dann wird unser Leben eben so weitergehen, ich vor dem Rechner, mein Sohn vor dem Rechner, bis der Impfstoff kommt oder der Messias und anschließend der Therapeut für Online-

Süchtige. Andere Eltern sind kämpferischer: Beim virtuellen Elternabend wollen sie die Lehrer grillen. 35 wütende Eltern auf Zoom, ich freue mich jetzt schon auf zwei garantiert unterhaltsame Stunden.

Aber die Lehrer können auch nichts dafür, ein Viertel des Kollegiums gehört der Risikogruppe an – und soweit ich informiert bin, heißt keiner von ihnen Stinkstiefel. Was kann ich daran ändern, wenn das Hygienekonzept für Sechstklässler nur mittwochs funktioniert?

In Israel müsste man leben! Die Schulen sind wieder geöffnet, für Kinder ab Klasse 4 herrscht Maskenpflicht. Wie man das israelische Bildungssystem kennt, läuft bestimmt alles reibungslos. Massen von Israelis sind ohne Arbeit, aber mit positivem Denken ist auch das ein Segen: Wer keinen Job hat, verfügt über alle Zeit der Welt, Kindern bei den Hausaufgaben zu helfen. Ich würde gerne in den Sommerferien nach Israel fahren, aber mein Mann zeigt mir den Vogel: »Da sind doch jetzt schon 45 Grad.« Ob ich ihn grillen wolle? Maximal der Starnberger See sei drin.

Egal, Entspannung war sowieso gestern. Am Schlachtensee husten Kleinkinder, die Pommes kosten fünf Euro. Im Biergarten im Grunewald feiert man Corona-Lockerungen zu Techno-Beats. Die Krumme Lanke ist auch überlaufen. Freunde reden von Ferien in der Schweiz, mein Sohn möchte auf die Bahamas. Aber wer weiß, wie da das Hygienekonzept aussieht.

Weil ich nicht ans Meer kann, träume ich jetzt von Urlaub in einer Waldhütte. Allein! Ohne Smartphone. Ohne Corona-Nachrichten. Ohne Familie. »Und was ist mit uns?«, fragte mein Sohn. »Dürfen wir dich im Wald besuchen?« »Einmal in der Woche«, sagte ich. »Immer sonntags«, kündigte mein Sohn an. Wie urlaubsreif ich bin, merkte ich erst, als ich ihn fragte: »Jeden Sonntag?«

59

Mildernde Umstände im Homeoffice oder: Wo ist mein Kamm?

25. Juni 2020

Es gibt keine empirische Studie, aber aus eigener Erfahrung ist mir klar: Corona ist schlecht für das Liebesleben. Wer zwei Wochen lang jeden Tag auf die Website der Berliner Kassenärztlichen Vereinigung gestarrt hat, um sein Corona-Testergebnis zu erfahren, nur um festzustellen, dass die KV die Testnummer verloren hat, der weiß, dass in einem jüdischen Haushalt (auch wenn der Mann überhaupt nicht jüdisch ist) die Freitagnacht niemals mehr die gleiche sein kann wie zuvor.

Ein Problem in mehrfacher Hinsicht: Laut Mischna ist ein Mann verpflichtet, seiner Frau Lust zu bereiten. So steht es schließlich in Ketubot 5,6, einer in der jüdischen Welt überall bekannten Quelle: »Die in der Tora genannte Gattenpflicht ist: Müßiggänger täglich, Arbeiter zweimal wöchentlich, Eseltreiber einmal wöchentlich, Kamelführer einmal in 30 Tagen, Seeleute einmal in sechs Monaten.«

Manche Rabbiner meinen, dass Eseltreiber mit Gelehrten gleichgesetzt werden können – also mit Akademikern. Geläufig ist auch die Pause, die einem jüdischen Akademikerpaar erlaubt ist:

»Von Schabbatnacht zu Schabbatnacht.« Eindeutig aber geht aus der Mischna hervor, darüber sind sich die maßgeblichen männlichen Weisen einig, dass es keine verbindliche Norm für alle Ehemänner gibt. Individuelle Umstände und historische Rahmenbedingungen seien zu berücksichtigen. Schon klar, warum sie so argumentieren.

Auf Coronazeiten angewandt, heißt das wohl: Mildernde Umstände gelten für Männer, deren Frauen im Homeoffice arbeiten! Ich muss einräumen, dass die Logik nicht von der Hand zu weisen ist: Seitdem Redaktionsmeetings nicht mehr über Zoom, sondern als Telko stattfinden, stolpere ich aus dem Bett direkt an den Schreibtisch. Im Schlafanzug. Mir doch egal, wie ich aussehe.

Wichtig ist nur, dass das Frühstücksmüsli nicht auf die Tastatur tropft. Das Aufhübschen für die Zoom-Konferenz entfällt, Kämmen ist auch nicht mehr nötig. Meinem Arbeitgeber kann das nur recht sein – die gesamte Energie fließt in seinen Computer. Ich bin aber sicher, dass mein Mann mich schon mal toller fand, obwohl er sich jede Bemerkung taktvoll verkneift.

Bei anderen läuft bestimmt alles besser: Eine israelische Freundin hat gerade auf Tinder, wo Hochkonjunktur herrscht, ihren neuen Freund kennengelernt. Der Tiergarten in Berlin ist voller datender Paare. So viel zu »Social Distancing«!

Was soll ich da sagen? Ich checke die Nachrichten, koche das Mittagessen, treibe meinen Sohn an, Hausaufgaben zu machen, und wähle mich jeden Morgen ins Redaktionsmeeting ein. Und wenn immer dieselbe Frauenstimme mich ohne Leidenschaft auffordert: »Geben Sie Ihre Sitzungs-ID und ein Rautezeichen ein«, dann weiß ich, dass die Sitzung wieder ein echter Höhepunkt wird. Besonders morgen früh, wenn das nächste Zoom-Meeting ansteht. Wo ist eigentlich mein Kamm?

60
Car Nidre und Schofar-Flashmob oder: Viele Wege führen zur Teschuwa

20. August 2020

Irgendwo in unserer Nachbarschaft gibt es ein Blasorchester. Zum Glück treten die Musiker, ein Ensemble aus Trompete, Tuba und Saxofon, begleitet von einem verstimmten Akkordeon, nur selten in Erscheinung.

Für ihre Darbietung gibt es stilistisch einfach keine Beschreibung. »Balkanmusik« wäre eine Beleidigung sämtlicher Bewohner des Balkans, alles andere passt auch nicht. Wenn die Musikanten durch unsere Straße ziehen, sind die Balkone wenige Minuten später menschenleer.

Seit dem Ausbruch von Corona haben wir nichts mehr von dem Blasorchester gehört. Auf unserem Balkon herrscht Ruhe, Frieden und Harmonie, wie es sich in einem bürgerlichen Stadtteil wie Berlin-Friedenau geziemt. Doch jetzt habe ich von einer Idee erfahren, die mich in höchste Alarmbereitschaft versetzt: Berliner Juden denken über die Organisation eines Schofar-Flashmobs im Monat Elul nach, dem jüdischen Monat der Umkehr und der Versöhnung.

Eigentlich eine tolle Sache, wenn man an den weltweiten Widderhorn-Flashmob von 2011 denkt, nach Angaben der Organisatoren »Art Kibbutz NYC« das weltweit größte Schofarblas-Event seit dem Berg Sinai. Simultan-Teschuwa global! Ist das nicht großartig?

Doch ein Blick auf meinen Kalender reicht, um die drohende Gefahr für mich zu erkennen: Der Spätsommermonat Elul beginnt am Donnerstagabend. Der Schofar wird früh am Morgen geblasen, um die Schläfer aus ihrem Schlaf zu wecken und sie zur Rückkehr zu jüdischen Werten zu rufen. Was heißt das konkret? Mein Fenster geht direkt auf den Balkon hinaus!

Womöglich werden die Bläser mich am Freitagmorgen aufschrecken, bevor die Müllabfuhr kommt. Und viel besser als das Blasorchester, fürchte ich, kann der Flashmob nicht werden. Jedenfalls habe ich noch nie davon gehört, dass Berlin eine Hochburg talentierter Gruppenschofarbläser sei – oder sie haben sich meinem Radar bisher erfolgreich entzogen.

Auch andere Konzepte für die jüdischen Feiertage, die jetzt weltweit diskutiert werden, überzeugen mich wenig. Damit die Abstandsgebote beim Jom-Kippur-Gottesdienst eingehalten werden, erwägt der amerikanische Reformrabbiner Stewart Vogel von der Temple-Aliyah-Gemeinde in Los Angeles, das Kol Nidre durch ein »Car Nidre« zu ersetzen – ein Gebet auf dem Parkplatz.

Wer *A Serious Man* von den Coen Brothers kennt, weiß selbstverständlich, dass wahre Spiritualität überall möglich ist. Aber was ist mit den Orthodoxen, sollen sie nach dem Car Nidre sitzen bleiben und 25 Stunden lang autofasten? Und was ist mit Leuten wie mir, die gar kein Auto besitzen? Aber man sollte in jeder Idee die gute Absicht wertschätzen. Von mir aus kann jede und jeder

Schofar blasen – Hauptsache, nicht im Umkreis des S-Bahnhofs Friedenau.

In diesem Sinne wünsche ich allen Leserinnen und Lesern eine erfolgreiche Umkehr. Bereiten Sie sich auf Jom Kippur vor, versöhnen Sie sich mit Ihren Feinden! Damit das wirklich klappt, achten Sie auf Ihre Tonlage, die richtige Uhrzeit und blasen Sie nicht zu laut. Und immer daran denken: Bei jedem Flashmob bitte nur *ein* Schofar!

61
Tief »Ahmet« und Hoch »Chana« oder: *Let the sunshine in!*

14. Januar 2021

Ein Hoch auf Tief »Ahmet« und Tief »Dimitrios«! Beide haben endlich wieder Schnee in unsere Breitengrade gebracht, und das in Zeiten, in denen es sonst nicht viel Grund zur Freude gibt. Und sie haben vor allem ihr Ziel erreicht, das Bewusstsein für Diversität im Einwanderungsland Deutschland zu stärken!

Übrigens auch in unserer eigenen Community: »Ahmet und Dimitrios, gibt es hier nur Türken und Griechen? Und was ist mit Jakub und Igor?«, schrieb mir ein empörtes Gemeindemitglied – ich nenne es hier Dimitrij – auf Facebook. »Wir Juden haben die tiefsten Tiefs! Wir werden wieder einmal vergessen!« Recht hat der Mann, ein unglaublicher Vorgang, dachte ich und war kurz davor, den Antisemitismusbeauftragten anzurufen.

Zum Glück hatte ich die Telefonnummer nicht gleich parat. Denn die Initiative #wetterberichtigung hat uns Jüdinnen und Juden keineswegs vernachlässigt: Unter den Namen für die ersten 14 Wetterlagen des Jahres, für die die Initiative Patenschaften übernommen hat, ist auch das Hoch »Chana«. Und zwar nicht einfach nur Chana, sondern Chana Salomon! Natürlich ist ein Hoch kein Ersatz für ein Tief, aber teurer ist es auf jeden Fall: Chana hat 299 Euro gekostet, Ahmet und Dimitrios jeweils nur 199 Euro.

Für meinen Facebook-Freund ist das Hoch »Chana« trotzdem kein Anlass zur Freude. »Was soll daran gut sein?«, moserte Dimitrij. »Hinterher behaupten sie, dass man für uns Juden mal wieder mehr Geld ausgibt als für alle anderen.« Und überhaupt, Chana sei ein israelischer Name, da sehe man doch mal wieder, dass Kontingentflüchtlinge bei migrantischen Initiativen nicht einmal als Quotenjüdinnen herhalten dürften.

Olga, okay, ein Hoch namens Olga würde er akzeptieren, aber Chana? »Gib doch zu, dass du dich verarschen lässt«, schrieb mir Dimitrij. »In Wirklichkeit hassen sie alle den Staat Israel!«

Ich habe ihm nicht mehr geantwortet, weil Dimitrij mir auf den Wecker geht. Entfreunden kann ich ihn leider nicht bei Facebook, sonst beschwert er sich bei seinem Rabbi, und der beschwert sich dann bei mir, weil ich angeblich Gemeindemitglieder disse, die zu seinen Stammbetern gehören.

Dabei geht mein Facebook-Freund gar nicht in die Synagoge, ich treffe ihn da jedenfalls nie – was natürlich auch an mir liegen kann. Aber so unter uns, Dimitrij, ich weiß genau, dass du unsere Zeitung liest. Kannst du nicht ein einziges Mal irgendetwas positiv sehen?

Ich hingegen freue mich jetzt schon auf Hoch »Chana«, es wird bestimmt ein echter Lichtblick. Gerade für uns Berliner: Sobald in Sachen Corona die Sieben-Tage-Inzidenz 200 beträgt, gilt ein Bewegungsradius von 15 Kilometern rund um die Stadt. Richtung Südwesten sind dann noch Reisen nach Potsdam erlaubt, im Norden dürfen wir immerhin bis Wandlitz.

Ich habe mir jetzt schon vorgenommen, mit dem Fahrrad zum Liepnitzsee aufzubrechen und am Ufer das Hoch »Chana« mit dem Sonnengruß willkommen zu heißen. Und vielleicht macht ja sogar Dimitrij mal sein Fenster auf, um ein kleines bisschen Sonne reinzulassen?

62
Pralinen und ein blaues Pferd oder: Vorglühen auf Purim

11. Februar 2021

Vor mehr als 50 Jahren in der DDR: Kommt ein Mann in die Mitropa am Leipziger Hauptbahnhof und verlangt Pralinen. Der Verkäufer zeigt auf eine verstaubte Schachtel im Regal. »Ich hatte an etwas anderes gedacht«, sagt der enttäuschte Kunde. »Ich denke immer an etwas anderes. Das hilft«, sagt der Verkäufer.

Corona ist ein bisschen wie DDR in der Anekdote von Christoph Hein: Seit fast einem Jahr denke ich an etwas anderes. Zum Beispiel an Israel. Meine halbe Verwandtschaft ist schon gegen Corona geimpft. Ich muss noch monatelang warten. Allmählich habe ich die Schnauze voll.

An etwas anderes zu denken, hat mir sehr geholfen. Mir war nämlich schon Mitte Januar klar, dass Bibi Netanjahu aus Angst vor Virusmutationen den Ben-Gurion-Flughafen schließen wird. Aber so leicht lasse ich mich nicht aussperren. Wozu habe ich einen israelischen Pass? Mit dem letzten Flieger und einer FFP3-Maske bin ich nach Tel Aviv gereist und sitze jetzt in einer Quarantänewohnung in Herzliya-Pituach. Auf dem Balkon scheint die Sonne! Das Meer ist auch nicht weit!

Den Kunstdruck von Franz Marc aus meiner Berliner Küche habe ich auch eingepackt und hier in Herzliya an die Wand gehängt. Bei jeder Zoom-Konferenz unserer Redaktion (same procedure as every Thursday) grüßt das blaue Pferd von der Wand. Meine Kolleginnen und Kollegen fallen da voll drauf rein und glauben, ich wäre immer noch in Friedenau.

Der Wintereinbruch in Deutschland ist eine Herausforderung, bei 20 Grad plus in Israel ist es schwierig, Schnee zu simulieren. Aber bis Donnerstag ist der bestimmt geschmolzen. Ansonsten bastele ich eine Fensterkulisse aus Watte. Bis zur zweiten Impfung muss die Maskerade weitergehen! Sicherheitshalber stelle ich das Mikrofon stumm und sage in den Konferenzen gar nichts mehr, damit die Kollegen nicht hören, wie meine israelischen Nachbarn sich auf Hebräisch anschreien.

Die traurige Wahrheit ist leider: Diese Geschichte habe ich mir ausgedacht. Ich weiß nicht, wie man Telefone so programmiert, damit keiner merkt, dass ich im Ausland bin. Überhaupt kann ich nicht so einfach nach Israel fliegen, meine Familie ist schließlich auch noch da. Ich sitze immer noch in Berlin in der Küche. Ich würde gerne an etwas anderes denken, aber fast alles, was Spaß macht, ist verboten.

Am Wochenende war mein Sohn Schlittenfahren. Bis die Polizei kam und die Kinder nach Hause schickte – wegen der Abstandsregeln. Den Polizisten hat es auch keinen Spaß gemacht. Wahrscheinlich haben sie an etwas anderes gedacht, an Pralinen oder so.

Zum Glück steht Purim vor der Tür. Natürlich keine Party, aber immerhin hat eine Berliner Synagoge zu einer Online-Feier eingeladen, bei der getrunken werden darf, bis der Teilnehmer »OP-Masken nicht mehr von FFP2-Masken unterscheiden kann«.

Das klingt doch nach einer tollen Veranstaltung, ich glühe schon mal vor. Erinnern Sie mich an Purim bitte daran, rechtzeitig den Bildschirm auszuschalten, bevor mich jemand mit dem blauen Pferd verwechselt.

63

Eine Glocke für Azrael oder: Keine Cancel-Culture für Schlümpfe!

11. März 2021

»Die sind klein, listig und gewinnen immer«: Bundesfinanzminister Scholz hat sich als Freund der Schlümpfe geoutet. Nach der Attacke von Bayerns Ministerpräsident Söder beim jüngsten Corona-Gipfel im Kanzleramt auf den Sozialdemokraten (»Sie brauchen hier gar nicht so schlumpfig herumgrinsen«) will Scholz offenbar seine Basis verbreitern.

Grund genug dazu hat er – nicht nur, weil die SPD in Umfragen bei 16 Prozent liegt. Sondern weil Schlumpfhausen überall ist. Und um vor den Sommerferien an einen Impftermin zu kommen, hilft wohl nur das Zauber-Ei der Schlümpfe. Nicht einmal Schlaubi Schlumpf, der angeblich intelligenteste Winzling, hat gut sechs Monate vor der Bundestagswahl irgendeine Peilung, wohin die Reise geht.

Unsere hoffnungsvollen zukünftigen Wähler brauche ich gar nicht erst zu fragen. »Gibt es eine Schule in Schlumpfhausen? Ja, da gibt es nur noch Pausen!«, heißt es schon im *Lied der Schlümpfe*. Vom Küchentisch aus beobachte ich, wie das Homeschooling seltsame Blüten treibt. Lehrer erscheinen nicht zum Online-Unterricht, Schüler entwickeln perfekte Ausreden, wenn sie Antworten nicht wissen. (»Verbindung wackelt, kann die Stummschaltung nicht aufheben.«)

Nebenbei werden Witze erzählt: »Was ist blau und liegt im Wald? Schlumpfkacke!« Außerdem laufen YouTube-Videos. Ich glotze ebenfalls, natürlich erst nach Dienstschluss. Neulich habe ich mir »Schlumpfgold« und »Eine Glocke für Azrael« reingezogen.

Wer (wie ich) den Schlümpfen als Kind in den 70ern via Schallplatte begegnet ist, wird sich noch gut erinnern, wie ein Sprecher mit unheilvollem Klang den »bösen Zauberer Gargamel und seinen widerlichen Kater Azrael« ankündigte. Jahrzehnte später nahm sich der französische Autor Antoine Buéno den hakennasigen Zauberer, der aus einem Schlumpf Gold herstellen will, und sein fieses Haustier genauer vor.

»Da ist Gargamels Antlitz, das eindeutig an eine antisemitische Karikatur erinnert. Dann die Tatsache, dass seine Katze Azrael heißt, was klanglich wirklich nah an Israel liegt«, schrieb Buéno in seinem *Kleinen Blauen Buch,* in dem er die soziale Ordnung der Schlümpfe als »Archetyp einer totalitären Gesellschaft« beschrieb, die »Züge des Stalinismus und Nazismus« trage, mit Papa Schlumpf als Führerfigur. Hoffentlich kein schlechtes Omen für die Wahl im September.

Ich möchte aber nicht missverstanden werden: Ich will keine Cancel-Culture für Schlümpfe! Ich halte es lieber mit Buéno, der schon 2011 im Deutschlandfunk sagte, er habe nie deren Verurteilung im Sinn gehabt. »Im Gegenteil: Ich liebe die Schlümpfe! Alles, was ich vorschlage, ist: vielleicht ein bisschen anders mit ihnen zu spielen.«

Auf eBay werden übrigens gerade für 5 Euro Arztschlümpfe als Impfschlümpfe angepriesen. Auch FFP2-Masken in Kleinstformat wären ein super Geschäft: Die großen Ohren der Schlümpfe sind dafür wie gemacht. Vielleicht sollte ich Zwischenhändlerin werden? Ich nehme auch eine niedrigere Provision als mutmaßlich zwei Volksvertreter der Union (inzwischen parteilos) im Bundestag!

64
Die vierte Quarantäne oder: Fastenbrechen mit Baklava

15. April 2021

Meine Cousine in Haifa weiß auf alles eine Antwort. »Es darf nicht wahr sein!«, schrieb ich ihr vor zwei Wochen verzweifelt auf WhatsApp. »Wir sind wieder in Quarantäne! Zum vierten Mal seit Beginn von Corona!« Meine Cousine schrieb zurück: »Es könnte auch zum fünften Mal passieren.« »Richtig, man sollte das halb volle und nicht das halb leere Glas sehen«, ließ ich tapfer verlauten und erntete ein Daumen hoch.

Ich wertete es als Zuspruch und begann meinen täglichen Spaziergang: zehn Meter vor, zehn Meter zurück. Ich war jemandem begegnet, der später positiv auf Corona getestet wurde. Um meine Familie nicht anzustecken, verbarrikadierte ich mich in meinem Zimmer – mit einer riesigen Ingwerknolle, einer Reibe, zehn Limetten, einem Wasserkocher, einem Honigglas und einem Eimer.

Für Besuche im Badezimmer buchte ich morgens und abends Termine. Mein Mann stellte mir geliefertes Essen vor die Tür. Mit meinem Sohn telefonierte ich per Video. Manchmal freute er sich, mich im Kinderzimmer auf dem Bildschirm zu sehen. Manchmal sagte er: »Mama, ich rufe zurück.«

Manche Freunde finden, wir seien Pechvögel. Andere sagen gar nichts. Wahrscheinlich denken sie, wir seien selbst schuld. Dasselbe dachte ich beim Auf- und Abgehen im Zimmer mit Aussicht auf den Balkon. Dann war auch noch der Schnelltest positiv – zwei Striche wie beim Schwangerschaftstest. Ich bin schuld! Ich habe nicht aufgepasst! Nur wer niemanden trifft, bekommt kein Corona! Wir sollten die Wohnung nie wieder verlassen. Lebensmittel nur per Lieferung, kein Spaziergang mit einer Freundin, kein Arztbesuch. Ein Leben per Fernbedienung. Bis zum Impftermin. Bis der Messias kommt.

In Wirklichkeit sind wir Glückspilze. Die Hotline unseres Gesundheitsamtes war an Ostern nicht besetzt. Aber seit unserer dritten Quarantäne habe ich eine Durchwahl, bei der immer jemand ans Telefon geht. Mit dem Mann vom Gesundheitsamt verstehe ich mich prächtig. Der Typ ist große Klasse, er hat uns ein Testteam in die Wohnung geschickt. Und nicht nur das, unsere PCR-Tests waren negativ. Ich hatte nur eine Bronchitis. Praise the Lord! Ich verließ mein Zimmer und kam mit der restlichen Quarantänezeit blendend klar. Auf einmal war unsere Wohnung die große weite Welt.

Inzwischen habe ich ein Ritual entwickelt, um eine Quarantäne zu beenden: Ich gehe zum Syrer um die Ecke und hole mir ein Riesenstück Baklava. Das ist wie Fastenbrechen im Ramadan. Was für ein Gefühl von Freiheit, unseren Balkon endlich wieder von außen zu sehen! Was für ein Vergnügen, an der frischen Luft spazieren zu gehen, ohne ständig auf das iPhone zu starren, weil mein Freund vom Gesundheitsamt anrufen könnte.

Ein Glück, dass das Warten vorbei ist, denn Alleinsein macht egozentrisch: Ich habe die WhatsApp meiner Cousine aus Haifa jetzt noch einmal gelesen. Sie hat in ihrer Antwort auf meinen

Hilferuf überhaupt nicht über mich geschrieben. »Es könnte auch zum fünften Mal passieren« – damit meinte sie Neuwahlen in Israel!

65

Tritt gegen die Kette oder: Warum die Radfahrerinnen an allem schuld sind

26. Oktober 2021

»›An allem sind die Juden schuld.‹ ›Und die Radfahrer.‹ ›Warum die Radfahrer?‹ ›Warum die Juden?‹« Der alte Witz ist mir neulich eingefallen, als ich in Berlin mit dem Fahrrad unterwegs war. Zugegebenermaßen nicht auf der Straße, aber auf einem sogar für Wilmersdorfer Verhältnisse sehr breiten und fast menschenleeren Gehweg.

Dort lauerte an diesem verhängnisvollen Montagmorgen ein einzelner missmutiger Fußgänger. Ende 60, eine Mischung aus Blockwart und Wilmersdorfer Witwer. »Verschwinde! Hier ist kein Radweg!«, brüllte der Mann und trat gegen meine Fahrradkette. Das Schutzblech splitterte, ein Stück brach ab. Ich musste anhalten. Der militante Fußgänger stellte sich mir in den Weg und machte kein Hehl aus seinem Triumph. Er rief zufrieden: »Heute ist ein guter Tag für mich!«

Ich habe gar nichts dazu gesagt. Erst später ist mir eingefallen, dass ich in Berlin ständig als Radfahrerin beleidigt werde, aber nicht als Jüdin – jedenfalls nicht auf offener Straße. Ob es daran liegt, dass ich mich als Radfahrerin wie eine »Palästinenserin des Straßenverkehrs« (politisch nicht korrektes Zitat meines Vor-Vorgängers in der Kulturredaktion) verhalte, als Fußgängerin dagegen unglaublich zahm und dialogbereit?

Neulich bin ich bei einer Party mitfühlend gefragt worden, wie es mir denn so geht – als Jüdin in Deutschland. Wahrscheinlich hat der Partygast gerade an ein Hotel in Leipzig gedacht. »Schon in Ordnung«, habe ich gesagt und an den Wilmersdorfer Witwer gedacht. »Manchmal trifft man Idioten. Kann man überall treffen. Ich glaube nicht, dass es in anderen Ländern besser ist.«

Vielleicht gebe ich solche Antworten nur, weil ich meine Ruhe will. Oder weil ich am Wochenende nicht auf Facebook bin – jeden Freitag lösche ich diese App von meinem Handy. Anschließend habe ich das Gefühl, dass die Welt ohne Social Media eigentlich ganz in Ordnung sein könnte. Wenn einen nur nicht alle immerzu daran erinnern würden, wie gefährlich es ist, als Jude in Deutschland zu leben ... Hand aufs Herz, natürlich bin auch ich schon antisemitisch beleidigt worden, und manchmal habe ich mich zu spät gewehrt. Aber wo ist die perfekte Welt, in der es keine Beleidigungen gibt?

Jetzt könnte ich eine Selbsthilfegruppe für diskriminierte jüdische Radfahrerinnen gründen und mich in einem Safe Space mit anderen Betroffenen über intersektionale Opfererfahrung austauschen. Wegen einer komplexen posttraumatischen Belastungsstörung bräuchte ich nach dem Vorfall auf dem Gehweg zudem eine mehrwöchige Krankschreibung. Die würde ich nutzen, um ein Video zu drehen: beruhend auf der These, dass der Wilmersdorfer Witwer es auf etwas Größeres abgesehen hatte, nämlich auf meine Bernsteinkette – und nur weil er keine sah, gegen die Fahrradkette trat ...

Liebe Mitjüdinnen und Mitjuden! Nein, ich will den Antisemitismus nicht kleinreden! Aber haben wir nicht den Pharao überlebt? Und sind wir alle zusammen nicht viel stärker als das Bild, das manche von uns zeichnen?

66

Wo der Duden irrt oder: Warum ich keine jüdische Mitbürgerin sein will

3. Februar 2022

Wahrscheinlich war es mal wieder gut gemeint. Der Online-Duden hat einen »besonderen Hinweis« zum Wort »Jude« veröffentlicht – gekennzeichnet mit dem Symbol einer Glühbirne.

Darin heißt es: »Gelegentlich wird die Bezeichnung *Jude, Jüdin* wegen der Erinnerung an den nationalsozialistischen Sprachgebrauch als diskriminierend empfunden. In diesen Fällen werden dann meist Formulierungen wie *jüdische Menschen, jüdische Mitbürgerinnen und Mitbürger* oder *Menschen jüdischen Glaubens* gewählt.«

Eine Glühbirne ist keine Triggerwarnung, sondern in der Symbolik des Duden eine Erläuterung. Trotzdem gibt mir der Eintrag zu denken: Ich hasse nämlich nichts mehr als die Bezeichnung »jüdische Mitbürgerin«. Auch »Mensch jüdischen Glaubens« möchte ich mich ungern nennen lassen und habe dabei zahlreiche Drei-Tage-Jüdinnen und Drei-Tage-Juden auf meiner Seite, die genauso oft in die Synagoge gehen wie Sie und ich.

Mal ganz abgesehen davon, dass die Bezeichnung als »Mensch jüdischen Glaubens« der Erläuterung des Begriffs »Jude« im

Duden widerspricht. Darin heißt es: »Angehöriger eines semitischen Volkes, einer religiös beziehungsweise ethnisch zusammengehörenden, in fast allen Ländern der Erde vertretenen Gemeinschaft«. Religiös beziehungsweise ethnisch – warum dann also »Menschen jüdischen Glaubens«?

Ich kenne keinen einzigen Juden – weder gläubig noch ungläubig –, der sich ungerecht behandelt fühlt, wenn er als Jude bezeichnet wird. Als »diskriminierend« empfinden den Begriff »Jude« wohl eher Nichtjuden, denen es unangenehm ist, das Wort auszusprechen – »wegen der Erinnerung« et cetera.

Aber was können wir dafür? Muss der Duden deswegen auf Formulierungen hinweisen, die reine Verlegenheitslösungen sind, durch die wir aber erst recht darauf gestoßen werden, dass unsere Gesprächspartner gerade ein Problem haben?

Der Weg zur Hölle ist bekanntlich mit guten Absichten gepflastert. Deshalb würde ich mich freuen, wenn den geschätzten Mitbürgerinnen und Mitbürgern in der Duden-Redaktion ein Licht aufginge und sie ihren »besonderen Hinweis« noch einmal überdenken könnten. Denn wozu könnte es führen, wenn das Unbehagen halb offiziell wird?

Am Ende will überhaupt niemand mehr mit uns reden, weil man sowieso immer ins Fettnäpfchen tritt, egal, wie man die Juden nennt (nein, »Globalisten« trifft es auch nicht). Und versuchen Sie bloß nicht, politisch korrekte Witze zu erzählen: »Wie viele jüdische Mitbürgerinnen braucht man, um eine Glühbirne für eine jüdische Mutter einzuschrauben? Gar keine. Sie sitzt lieber im Dunkeln.«

Klingt nicht gut, oder? Eine Facebook-Freundin hat den Wahnsinn auf den Punkt gebracht: »Wir sollten darauf achten, nicht als J-Wörter zu enden!«

67
Amalek und kleinere Sorgen oder: Die Barmizwa rückt näher

5. März 2022

Gute jüdische Mütter schwärmen noch Jahre nach der Barmizwa ihres Sohnes (oder der Batmizwa ihrer Tochter) mit Tränen der Rührung in den Augen von dem großen Ereignis. Ich hingegen sehe mich kurz vor der Barmizwa meines einzigen Sohnes von emotionaler Ergriffenheit noch ein Stück weit entfernt.

Seit Wochen kauen wir auf dem »Maftir« herum, dem Toratext, den der Junge in der Synagoge vortragen soll. Es geht um die Erinnerung an Amalek, möge sein Name ausgelöscht sein!

Dass wir in dieser Situation sind, ist nicht die Schuld des Bösewichts, sondern meine eigene: Denn ich habe es uns eingebrockt, dass mein Sohn ausgerechnet an Schabbat Sachor zum ersten Mal zur Tora aufgerufen wird.

Mit Amalek werden wir schon fertig, hatte ich mir gedacht und mögliche Alternativtermine für die Barmizwa leichtfertig ausgeschlagen. Leider hatte ich es versäumt, mich eingehend mit der Haftara zu beschäftigen, die an diesem Schabbat in der Synagoge gelesen wird.

Denn die Prophetenlesung ist noch viel schlimmer als das Maftir. Wie das Prophetenbuch Schmuel Alef zu berichten weiß, tötete König Schaul 200 000 Amalekiter – Männer, Frauen und Kinder. Dennoch war der Prophet mit ihm unzufrieden, weil Schaul nicht auch den König der Amalekiter erledigt hatte. Um den Willen des Herrn zu tun, schlug Schmuel dem feindlichen König persönlich den Kopf ab. Anschließend wurde Schaul als König der Israeliten abgesetzt. Was soll ein Kind daraus nur lernen?

»Nur schlechte Juden mögen diese Haftara«, meint ein Bekannter aus Israel. »Unser Sohn singt keine gewaltverherrlichenden Texte in der Synagoge!«, protestierte mein Mann, der Kriegsdienstverweigerer. »Kannst du das bitte verhindern?«

Mein Versuch, die Rabbinerin in letzter Sekunde für eine Alternativ-Haftara zu gewinnen, fruchtete nichts: Das hätte ich mir früher überlegen sollen, beschied sie (womit sie, wie bereits angedeutet, nicht unrecht hatte). Texte seien dazu da, um sich mit ihnen auseinanderzusetzen! Wie genau das geschehen soll, möchte ich an dieser Stelle unerwähnt lassen, ich will ja nicht schon alles vorher verraten.

Zum Glück ist mein Sohn Pragmatiker – was mir Kopfzerbrechen bereitet, ist für ihn gar kein Problem. Zum Beispiel seine Drascha, in die ich mich nicht einzumischen habe. »Weißt du, dass manche Leute Amalek mit den Nazis vergleichen?«, habe ich ihn gefragt. Mein Sohn sagt: »Mama! Es gibt schon genug überflüssige Nazivergleiche auf der Welt!« Der Schurke ist also von meiner Sorgenliste gestrichen – jedenfalls, was die Barmizwa angeht.

Alle anderen Probleme werden sich hoffentlich lösen lassen. Doronia hat den Tallit rechtzeitig geliefert, aber in welcher Farbe soll ich Kippot bestellen? Bordeaux ist ausverkauft, und Lila geht nur beim Kirchentag. Und falls wir uns doch noch mit Omikron anstecken, werden wir dann rechtzeitig wieder gesund? Aber was ist schon ein Virus gegen einen Krieg? Ich denke, ich kann mich glücklich schätzen, wenn ich in den nächsten Tagen keine anderen Sorgen habe!

68

Warum ich nicht traurig darüber bin, dass Wikipedia mich gelöscht hat

16. Mai 2022

Am Samstagabend bekam ich eine höchst irritierende Nachricht: Bei mir meldete sich eine Person, deren Identität ich an dieser Stelle nicht preisgeben kann. Die Person kam auf mich zu und hielt mir ihr Smartphone unter die Nase. »Hast du gesehen, es gibt einen Streit über dich bei Wikipedia!«

»Wie bitte?«, fragte ich. »Manche finden dich wichtig, und manche wollen dich wieder löschen«, sagte mein Informant. »Was?! Wer hat den Eintrag überhaupt angelegt?«, wollte ich wissen.

»Kann man nicht sehen«, sagte die Quelle, »er hat seinen echten Namen nicht hingeschrieben. Er nennt sich Besserwisser 2.0.« »Aha«, sagte ich, nahm dem Informanten das Smartphone aus der Hand und erhielt zum ersten Mal in meinem Leben Einblick in das Innenleben von Wikipedia.

Tatsächlich stritten sich Mitglieder der Online-Enzyklopädie im Netz, ob mir ein Eintrag gebühre. Die einen argumentierten, ich hätte ein Buch geschrieben. Die anderen sagten, es sei nicht genügend rezensiert worden. Einer befand, ich sei »einfach eine

Journalistin, die ihre Arbeit macht«, also bestehe kein Anlass, mich bei Wikipedia zu würdigen. Das ist übrigens ein Eins-a-Kompliment, finde ich. Oder etwa nicht?

Aber wie peinlich ist das denn, dachte ich wenige Sekunden später. Alle Welt wird denken, dass ich den Eintrag selbst angelegt habe und mich wichtigmachen will. Und wer ist es, der mir das alles eingebrockt hat?

»Ich werde schon herausfinden, wer Besserwisser 2.0 ist«, sagte ich zu meinem Informanten. »Mal sehen, was der noch so alles auf Wikipedia veröffentlicht hat.«

An dieser Stelle wurde meine Quelle ziemlich kleinlaut. »Ich selbst bin Besserwisser 2.0«, erklärte er. »Hast du nichts Besseres zu tun?«, fragte ich wütend. »Nein, mir war langweilig«, sagte der Besserwisser.

Ich wusste nicht, ob ich lachen oder weinen sollte. Schließlich ging ich ins Bett. Kurz vor dem Einschlafen dachte ich darüber nach, Besserwisser am nächsten Tag zu überreden, mich von seinem Account aus die Kritiker meines Wikipedia-Eintrags adressieren zu lassen.

»Recht habt ihr, Leute, löscht mich!«, wollte ich schreiben. Aber dann würden sie natürlich alle erst recht davon ausgehen, dass der Eintrag meine eigene Idee war. Ich beschloss, eine Nacht darüber zu schlafen. Vielleicht würde sich das Problem von alleine lösen.

Am nächsten Morgen griff ich sofort nach meinem Smartphone, das auf dem Nachttisch lag. Ich googelte meinen Namen und »Wikipedia« und war sehr erleichtert: Die Löschfraktion hatte sich durchgesetzt, der Eintrag war verschwunden.

Allerdings hat jetzt irgendjemand einen ähnlich lautenden Eintrag über mich bei »EverybodyWiki« angelegt. Ich schwöre, auch das war nicht ich – und Besserwisser beteuert ebenfalls (diesmal glaubhaft), der Autor sei nicht er selbst. Liebe Wiki-Community, ich brauche keine Einträge! Aber falls ich mir trotzdem etwas wünschen darf, dann nur diesen einzigen Satz: »Sie ist einfach eine Journalistin, die ihre Arbeit macht ...«

69
Warum ich lieber über Delfine nachdenke als über Konvertiten

25. August 2022

Ich hätte im Kanada-Urlaub keine E-Mails checken sollen. Jedenfalls nicht den Mailverteiler meiner Synagoge. »Liebe Chewre«, schrieb die Rabbinerin … und prompt wurde ich in die Oranienburger Straße in Berlin gebeamt, mitten in die Streitarena, anstatt in meinem Hotelzimmer in Vancouver weiter gemütlich zu planen, ob wir an diesem Tag lieber die Art Gallery im Stadtzentrum oder das Aquarium im Stanley Park besichtigen.

Wir haben uns für das Aquarium entschieden. Eindeutig die richtige Wahl: Beim Anblick der wunderbaren Pazifikfische, Robben, Delfine und seltenen Waldvögel ist jeder Gedanke an die Berliner Gemeinde sofort in der untersten Ebene meines Bewusstseins versackt.

Zuvor hatten wir in Vancouver Island den Regenwald bewundert und auch Victoria besucht. In einer Ausstellung im Royal British Columbia Museum hieß es, man rechne mit einem Temperaturanstieg von fünf bis acht Grad bis Ende des Jahrhunderts auf der Insel. Dann sei Vancouver Island vielleicht nicht mehr mit Wäldern bedeckt, sondern mit Steppen und Kakteen.

Nun frage ich mich, was ich dazu beitragen könnte, die Schöpfung zu bewahren. Ist das nicht viel wichtiger als die Niederungen des Gemeindezoffs? Wenn die Welt untergeht, gibt es auch keine Synagogen mehr – und keine Kantorinnen und Rabbiner, die sich über Identitäten und den richtigen Ton gegenüber Konvertiten streiten können.

Also habe ich seit meiner Rückkehr aus dem Urlaub angefangen, weniger Fleisch zu essen, und nerve meinen Mann mit vegetarischen Kochvorschlägen und Anweisungen, welche Tomaten in Zukunft gekauft werden dürfen (auf keinen Fall die in der fetten Plastikverpackung).

Nur so viel zu der Mail aus meiner Synagoge sei gesagt: Ich habe nichts gegen Konvertiten. Im Gegenteil, einige meiner besten Freunde sind Konvertiten. Sogar meine Mutter – sonst wäre ich gar nicht Mitglied der Jüdischen Gemeinde zu Berlin. Was vielleicht nicht so schlimm wäre, diverse Streitereien blieben mir erspart. Zum Beispiel über Konvertiten. Aber im Gegensatz zu Letzteren habe ich mir das Judentum nicht ausgesucht.

Es gibt Leute, die behaupten, Konvertiten seien nervig. Sie könnten jede Kaschrutregel auswendig zitieren, auch zu Kitniot an Pessach, und ließen ständig heraushängen, sie seien die besseren Juden. Natürlich gibt es solche Konvertiten. Es gibt aber auch geborene Jüdinnen, die mindestens genauso anstrengend sind.

Ich kenne übrigens einen Kantor, der an Jom Kippur nicht pünktlich zum Kol Nidre erschien. Begründung (so wurde es in seiner Synagoge kolportiert): Er habe im Stau gestanden! Der Kantor war übrigens kein Konvertit. Natürlich – so was kann nur ein gebürtiger Jude bringen. Aber ist das eine Entschuldigung? Im Nachhinein vielleicht schon: Das Ganze ist ein paar Versöhnungstage her.

Ich bin jedenfalls nicht nachtragend und habe nur einen bescheidenen Wunsch: Der Kantor soll in Zukunft Benzin sparen und mit der S-Bahn kommen. Wenigstens an Jom Kippur! Ob meine Bitte erhört wird? Bis zum Kol Nidre bleibt es spannend.

70

Warum Kassel nicht überall ist oder: Neue Brieffreundinnen für 5783 gesucht

22. September 2022

Das Jahr 5783 kann nur besser werden. Wenn wir an Erew Rosch Haschana in Berlin gemeinsam am Tisch sitzen, Äpfel in Honig tauchen und auf das neue Jahr anstoßen, endet am selben Abend die documenta in Kassel, die mir als Feuilleton-Redakteurin monatelang den letzten Nerv geraubt hat. Und nicht nur mir, sondern der gesamten Redaktion samt freien Mitarbeitern mit Extra-Recherchen, Überstunden und Kopfschmerzen. Schehechianu! Wir haben fertig!

In Kassel, der »Nordhessen-Metropole«, wie manche sie nennen, musste ich Ende der 90er-Jahre meine ersten Berufsjahre als dpa-Redakteurin verbringen. Unnötig zu erwähnen, dass ich die Stadt nicht besonders mochte. Damals zitierte ich gern aus dem Standardwerk *Öde Orte. Ausgesuchte Stadtkritiken: von Aachen bis Zwickau* von 1998: »Noch heute ist Kassel die einzige Stadt der DDR, die im Westen liegt.« Ich konnte als Jungredakteurin ja nicht ahnen, dass Kassel einst zur einzigen Stadt des Globalen Südens avancieren würde, die in Nordhessen liegt.

Aber nur bis Rosch Haschana! Seit Januar habe ich geduldig mit der Presseabteilung der documenta kommuniziert, um die Namen israelischer Künstler herauszubekommen, die angeblich zur Schau eingeladen waren – und die mir die Pressestelle nie nennen konnte. Jetzt bin ich glücklich, nicht mehr den Wortlaut von E-Mails enträtseln zu müssen, wie etwa »Die Beteiligten (…) wurden nicht aufgrund nationaler oder anderer Zugehörigkeiten, sondern aufgrund der Praxis der eingeladenen Beteiligten und deren Relevanz für und Kompatibilität mit der lumbung-Praxis zur documenta fifteen eingeladen« oder »Zeitzonen statt Angaben von Nationalitäten« oder »nationale, religiöse oder andere Zugehörigkeiten«, die nicht offengelegt werden sollten.

Also mit oder ohne Feigenblatt? Aus diesem passiv- und substantivlastigen elektronischen Kaffeesatz konnte ich nichts herauslesen, was irgendwie gut für die Juden gewesen wäre. Für das neue Jahr suche ich deshalb – als säkulare Jüdin, die weder lumbung noch alle 613 Mizwot des Judentums praktiziert – neue Brieffreundschaften. Zeitzone, Nationalität und religiöse Zugehörigkeiten spielen keine Rolle. Ich lese auch Briefe auf Hebräisch! Hauptsache, die Autorinnen und Autoren kommen auf den Punkt und haben ein bisschen Humor.

Denn die nächsten Monate sollen nicht lustig werden. Stromausfälle, Inflation, Weltuntergang: Leider ist es uns Journalisten nicht möglich, die Nachrichten zu ignorieren – wir machen sie ja selbst. Aber wenigstens kann ich mich mit freundlichen Menschen umgeben und ein bisschen netter und toleranter sein als sonst.

Denn das ist das Gute an Rosch Haschana: Hier wird niemand ausgeschlossen, selbst den ätzendsten Urgroßcousin laden wir immer gerne ein. An einem jüdischen Tisch ist Platz für die gesamte Familie, während Kassel nicht überall ist. Lasst uns also gemeinsam das Glas erheben und während der Feiertage alle vergessen, die uns geärgert haben. Sie werden es auch im nächsten Jahr wieder tun. LeChaim und Schana towa!

71

Schlechte Quote für den Blauen Planeten oder: Warum Aliens kein Radio hören

4. Januar 2023

»Zu langweilig für die Aliens« oder »Sind wir nicht interessant genug?«. Immer wieder versuchen Wissenschaftler, das »Fermi-Paradoxon« des italienischen Physikers Enrico Fermi zu erklären – die Frage, warum Außerirdische bis heute keinen Kontakt zur Erde aufgenommen haben.

Die neueste Theorie stammt von Amri Wandel, Astrophysiker an der Hebräischen Universität Jerusalem. Der Experte meint: Die Milchstraße sei vermutlich voller intelligenter Wesen, die wohl gerne Gleichgesinnte auf anderen Planeten kennenlernen würden. Doch die Aliens würden sich bei der Kontaktsuche auf diejenigen Planeten konzentrieren, von denen sie klare Signale für die Existenz fortgeschrittener Technologie erhielten. Da von der Erde aber keine vernünftigen Signale kämen, hätten sie kein Interesse.

Das kann ich nachvollziehen – als Alien hätte ich auch keine Lust, die Menschen auf unserem Planeten kennenzulernen. Wer will schon mit Leuten zu tun haben, die sinnlose Kriege führen,

CO_2 in die Luft blasen und jedes neue Jahr mit guten Vorsätzen beginnen, die Anfang Januar wie Silvesterraketen verpuffen?

Ich vermute, in der Milchstraße werden längst Witze über uns erzählt. Wie zum Beispiel: »Treffen sich zwei Planeten im Wartezimmer beim Arzt. Planet A kratzt sich verzweifelt überall. Planet B fragt: ›Was hast du denn?‹ ›Homo sapiens!‹, antwortet Planet A. ›Ist nicht schlimm‹, tröstet Planet B. ›Hatte ich auch mal. Geht vorbei.‹«

Zurück zu den Aliens: Ich habe die These von Amri Wandel natürlich verkürzt wiedergegeben. Laut dem israelischen Astrophysiker ist mit vernünftigen Signalen die Radiotechnologie gemeint. Da aber irdische Rundfunksender erst seit den 30er-Jahren in Betrieb sind, können bei den Aliens noch nicht allzu viele Signale eingegangen sein. Bisher waren laut Herrn Wandel nur 15 000 von insgesamt bis zu 400 Milliarden Sternen der Milchstraße in der Lage, die Botschaften zu empfangen. Die Wahrscheinlichkeit, dass eine Zivilisation nahe genug an der Erde liegt, um sie zu registrieren und eine Antwort zu senden, sei derzeit sehr gering.

Allerdings ist die Frage, ob das öffentlich-rechtliche Rundfunkprogramm im All überhaupt eine Quote erzielt (den rbb würden wohl nicht einmal fünf Prozent der Aliens einschalten). Und ob die ARD in ihrer derzeitigen Verfassung einen Beweis für intelligentes Leben antreten kann? Aber es gibt ja auch noch andere Radiosender auf der Welt. Hat es Sinn, auf die BBC zu setzen? Schwierig. Bleibt nur zu hoffen, dass Bibi Netanjahu das Programm von »Kan« ungerupft lässt.

Amri Wandel gibt sich trotz allem hoffnungsvoll: In mehreren Hundert bis Tausend Jahren, glaubt er, werden unsere Radiowellen auf ein Echo stoßen – und irgendeine Antwort wird aus dem All eintreffen. Bis dahin können wir uns zumindest vornehmen, uns wie intelligente Wesen zu verhalten – damit die Aliens nicht den Schock ihres Lebens bekommen, wenn sie ihre Raumschiffe auf der Erde aufgesetzt haben. Ich bin dann zum Glück längst raus: Darüber werde ich nicht mehr berichten müssen!

72

Warum ein Bagel genauso gefährlich sein kann wie ein schwarzes Loch

22. Januar 2023

Chelsea Handler hat es auf den Punkt gebracht. Bei der Verleihung der 28. Critics Choice Awards am Wochenende in Los Angeles hatte die amerikanische Komikerin eine neue Antwort auf ein altes Vorurteil parat.

»Wir alle haben in der letzten Zeit eine Menge Blödsinn darüber gehört, dass die Juden Hollywood leiten«, erklärte Handler. »Als jüdische Frau würde ich dazu sagen: Na und? Was ist schon dabei, wenn sie es tun? Die Franzosen betreiben Bäckereien, die Italiener die Mafia und die Schweden Ikea.« Anschließend zeichneten die Kritiker *Everything Everywhere All at Once* aus, eine Science-Fiction-Komödie, in der es um einen riesigen schwarzen Bagel geht. Einen »Bagel mit allem« – man kann drauflegen, was man will.

Den Film habe ich leider noch nicht gesehen, aber so einen Bagel hätte ich auch gern. Dann wäre ich vielleicht in der Lage, mir die Welt so zu backen, wie ich sie gern hätte. Zudem verfügt der schwarze Bagel über Zauberkräfte – er kann alles, was ihm aufgebürdet wird, zum Verschwinden bringen.

Oder wie die Schauspielerin im Film, Jobu Tupaki, einmal in einem Interview sagte: »Alle meine Hoffnungen und Träume. Meine alten Zeugnisse, alle Hundearten, jede persönliche Anzeige auf Craigslist, Sesam, Mohn, Salz, und es fiel in sich zusammen, denn wenn du wirklich alles auf einen Bagel legst, wird es dazu. Die Wahrheit. Nichts spielt eine Rolle.«

Ich habe diesen Satz zwar nicht verstanden, aber es gibt so manches, was ich gern auf einem schwarzen Zauberbagel platzieren würde, der wie ein schwarzes Loch im Universum funktioniert.

Denn bekanntermaßen ist bei schwarzen Löchern der Ereignishorizont eine Kugeloberfläche, deren Radius Schwarzschild-Radius genannt wird. Wenn also ein Objekt auf ein Kugelvolumen mit einem kleineren Radius als seinem Schwarzschild-Radius gepresst wird, dann wird dessen Masse auf ein winziges Volumen konzentriert und erzeugt in seiner direkten Umgebung eine so gewaltige Schwerkraft, dass nicht einmal Licht diesen Bereich verlassen kann.

Mir fallen auf Anhieb ein paar Leute ein, denen ich gelegentlich einen solchen Ereignishorizont wünschen würde, aber darüber schreibe ich lieber nicht so laut. Sonst wird noch irgendjemand behaupten, hier sei der Beweis für eine Weltverschwörung jüdischer Bäckerinnen und Bäcker zu finden, die mithilfe gefährlicher Bagel missliebige Kritiker der Rothschilds nicht nur einschüchtern, sondern spurlos im Schwarzschild-Radius verschwinden lassen.

Oder die Erfinder des schwarzen Bagels werden als rassistisch angeprangert. Aber wäre der Film dann in Hollywood ausgezeichnet worden, wo es doch keine Rassisten, sondern nur das Gegenteil gibt?

Womit ich zu Chelsea Handler zurückkomme, die in einem Satz Franzosen, Italiener und Schweden beleidigt hat. Darf die Frau das – Ikea mit der Mafia vergleichen? Aber die eigentliche Frage lautet: Warum hat Handler von französischen Bäckereien anstatt von Bagelbäckern gesprochen? Die Frage, wer Hollywood beherrscht, ist offenbar noch nicht abschließend geklärt.

73
Der Kreuzträger oder: Eine jüdische Mutter und die Matthäuspassion

15. Mai 2023

Mein Sohn ließ mich wissen, die Chorprobe werde drei Stunden dauern. »Was probt ihr denn so lange?«, fragte ich. »Die Matthäuspassion.« Grundgütiger Himmel! Würde der Junge »Lass ihn kreuzigen!« anstimmen? In der Deutschen Oper, vor den Ohren von halb West-Berlin? »Ich singe nicht«, erläuterte der Sohn. Ein Glück, der Stimmbruch! Aber ich hatte mich zu früh gefreut: »Szenische Inszenierung. Ich bin Kreuzträger.«

Muss ich so etwas erlauben? Kann ich einem 14-Jährigen die Musik von Bach verbieten? Als Jüdin mit solider Halbbildung kenne ich die Matthäuspassion (wenngleich nur von der CD), aber Kreuzträger? »Das sind die Guten. Weil sie Jesus helfen«, klärte mich ein Freund auf.

Ich war nicht beruhigt. Mein Sohn, fand ich, sollte eine informierte Entscheidung treffen. »Die Passion beruht auf der Übersetzung von Martin Luther«, warnte ich ihn. »Ist die Übersetzung das Problem oder das Original?«, wollte er wissen. Gute Frage. »Was ist mit der Selbstverfluchung der Juden? Singt man die, oder wird sie gestrichen?«, forschte ich. »Keine Ahnung.« Nach der Probe löcherte ich meinen Sohn erneut. »War das Kreuz schwer? Hast du Rückenschmerzen?« »Nein, ging schon.« »Ihr habt also drei Stunden das Kreuz hin und her getragen?« »Genau.« »Ist es sehr groß?« »Mann, Mama! Du bist hier die Einzige, die sich für das Thema Kreuz interessiert!« Der Sohn verschwand in seinem Zimmer.

Die Premiere war am Freitagabend. Natürlich würde ich niemals absichtlich den Schabbat brechen, erst recht nicht, um einem christlichen Oratorium zu lauschen. Aber ich muss doch wissen, was mein Sohn treibt. Zum Glück begann die Vorstellung um 18 Uhr. Ich habe das vorher geprüft: Der markerschütternde Chor »Sein Blut komme über uns und unsere Kinder« würde lange vor Schluss ertönen.

Mein Timing stimmte, die Selbstverfluchung der Juden erfolgte vor Sonnenuntergang. Der richtige Zeitpunkt, um zu verschwinden: Ich bin zu Fuß nach Hause gegangen.

Auf dem Weg verfolgten mich spitze Stimmen. »Lass ihn kreu-heu-zigen!« Also doch lieber Zensur? Oder eine Triggerwarnung in jedem Neuen Testament: »Diese Schrift könnte jüdische Leserinnen beleidigen«? Nein! Das wissen wir doch sowieso. Im Programmheft standen übrigens viele Infos über alle relevanten Judenfeinde, das finde ich korrekt. Aber ob das jeder liest?

Auf der Bühne, unter einem Riesen-Bildschirm, drehte sich die szenische Inszenierung auch noch um Greta und den Klimawandel. Überdies wurde aus der Apokalypse des Johannes zitiert. Drei Chöre, ein vierfach geteiltes Orchester und das Evangelium – für mich wäre das mehr als genug gewesen. Dajenu!

Ich muss aber zugeben, dass Bachs Musik alles übertrifft. Auch deshalb will ich wieder in die Matthäuspassion. Denn das

Ende habe ich ja verpasst. Und mein Sohn? Der war gar nicht da. Er ist erst für die Aufführung an Christi Himmelfahrt als Kreuzträger eingeteilt. Das ist zum Glück kein Schabbat!

74

Begegnungen der dritten Art oder: Mit Israelis im Fitnessstudio

8. Juni 2023

Unfreundliche Leute kann ich nicht leiden. Wenn mein Kollege – was zum Glück nur sehr selten vorkommt – morgens nicht grüßt, ist mir der halbe Tag verdorben. Manchmal brauche ich bis zur Mittagspause, um wieder ins Lot zu kommen. Deshalb versuche ich nach Kräften, positiv zu wirken, zu lächeln – und vor allem immer nett zu grüßen. Ob es mir gelingt? Fragen Sie meine Kolleginnen und Kollegen. Ich fürchte, auf meinem Grabstein wird stehen: »Sie bemühte sich immer, freundlich zu sein!«

Um mich von dieser ständigen Anstrengung zu erholen, gehe ich dreimal die Woche ins Fitnessstudio. Dort powere ich mich beim Langhanteltraining aus. Oder beim Kriegstanz der Maori. Leider macht zu viel Sport offenbar auch nicht glücklich. Aus dem Gleichgewicht bringen mich vor allem Israelis, die mir im Studio über den Weg laufen.

Unlängst saß ich in der Frauen-Umkleide und wollte meine Turnhose anziehen, da kreuzte eine wütende Frau meinen Weg und maßregelte mich mit schwerem hebräischem Akzent. Was mir einfalle, den Raum zu kontaminieren? Zugegeben, ich war barfuß und hatte kein Handtuch untergelegt. Aber seit wann regiert in Wilmersdorf die Hygienepolizei? Weil mir zur Rechtfertigung nichts einfiel, rannte die Israelin zum Personal des Studios, um Konsequenzen gegen mich zu fordern.

Da ist mir die Sicherung durchgebrannt. Ich zischte sie an – auf Hebräisch! –, ich sei froh, nicht in Zeiten der Blockwarte zu leben. Im heutigen Deutschland seien Denunziationen nicht mehr angesagt! Das könne sie sich ein für alle Mal merken! Die Frau war so perplex, dass sie gar nichts mehr erwiderte. Seitdem habe ich sie nicht mehr beim Langhanteltraining gesehen.

So war das aber nicht beabsichtigt, ich bin für die Integration von Migrantinnen, sofern sie sich an die Spielregeln halten! Falls die Israelin wieder einmal in der Umkleidekabine auftaucht, stelle ich ihr zur Versöhnung eine Flasche »Economica« vor den Schrank. Wer den Stoff nicht kennt: Es handelt sich um israelische Chlorbleiche, die ganze Bakterienstämme auslöschen kann. Übrigens arbeite ich auch hart an mir selbst. Seit dem Vorfall gehe ich nicht mehr ohne Badeschlappen ins Fitnessstudio!

Ein anderer Israeli hatte neulich das Pech, mich zwei Stunden nach der Überschriftenkonferenz auf dem Laufband anzutreffen – ein schlechter Zeitpunkt für entspannte Gespräche. »Hallo«, sagte der Ärmste. »Ich will nicht über Arbeit reden!«, herrschte ich ihn an. Der Mann suchte das Weite. Ich habe mich später entschuldigt. Noch besser wäre es gewesen, von vorneherein freundlich zu sein, dann bräuchte ich keine Abbitte zu leisten …

Es gibt aber tatsächlich Leute, die mir im Fitnessstudio Themen für Artikel andrehen wollen (»Warum habt ihr nicht berichtet?«) und nicht begreifen, dass auch Berufsjüdinnen den Feierabend brauchen, sonst sind sie morgens nicht mehr in der

Lage, ihre Kolleginnen angemessen zu grüßen. Aber das ist vielleicht nur eine Ausrede. Wir möchten doch alle freundlich sein. Die Frage ist bloß: Warum sind wir es dann nicht?

75
Warum ich alle meine Redaktions-Mails endgültig gelöscht habe

Zur Nachahmung empfohlen
16. Juli 2023

Zehn Tage vor den Sommerferien: Ich wollte endlich meinen Schreibtisch aufräumen. Eigentlich hätte mich schon stutzig machen müssen, dass da plötzlich 1900 E-Mails in meinem elektronischen Papierkorb lagen. Trotzdem habe ich die Frage »Endgültig löschen?« mit »Ja« beantwortet. Danach gab es nur noch eine einzige E-Mail in meinem Posteingang. Die gesamte Korrespondenz der letzten drei Monate war verschwunden.

»Fehlt mir jetzt was?«, fragte ich mich nach dem ersten Schreck. (Nein.) Dann: »War etwas existenziell Wichtiges dabei?« (Ich hoffe nicht.) Und schließlich: »Warum habe ich das bloß getan?« (Dem Problem könnte ich auf der Analytikercouch auf den Grund gehen, falls ich dazu Zeit und Lust hätte, aber ich kann das Prä-Urlaubs-Syndrom durchaus selbst diagnostizieren.)

In den Ferien fahren wir übrigens nach Tirol. Deshalb rekurriere ich an dieser Stelle auf einen Schlager des österreichischen Liedermachers Peter Cornelius: »Wenn i so überleg, worum's im

Leben geht, / Dann sicher net um des, wofür i leb'. / I arbeit's ganze Jahr lang, schön brav für's Finanzamt, / I frag mi, ob des ewig so weitergeht. / I bin reif, reif, reif, reif für die Insel.«

War der Inhalt der E-Mails mein Problem? Vor mehr als zehn Jahren, als ich bei dieser Zeitung anfing, haben mich manche Zuschriften total nervös gemacht. Vor allem von den Herren Rabbinern. So gut wie jeder Journalist kommt einer einfachen Bitte nach (»Ihren Text brauche ich bis 14. September, 10 Uhr«) – oder er verhandelt über die Deadline.

Der Rabbi hingegen schreibt: »Mit Gottes Hilfe erreicht Sie der Text bis zum 14. September.« Und ich fragte mich erschrocken: Falls Gott ihm nicht hilft, sitze ich dann am 14. September vor einer leeren Seite? Mittlerweile weiß ich, dass den Rabbinern (fast) immer und spätestens am 15. September geholfen wird. Außerdem habe ich natürlich einen riesigen Stehsatz.

Auch Post von eitlen Autoren (»Wenn Sie wie ich promoviert hätten ...«, »Meine Länge ist eine Frage der Qualität!« oder »Ich lehne Ihren Eingriff in meinen einzigartigen Stil entschieden ab. Das war meine letzte E-Mail an Sie!«) erschreckt mich nicht mehr. Bisher konnte ich noch jeden Textstreit diplomatisch entschärfen.

Gelegentlich schreiben mir Antisemiten. Aber die sind inzwischen blockiert, möge die Ruhe lange anhalten. Der Stress mit den Mails ist also nicht dem Content, sondern der schieren Menge geschuldet – diesem erschlagenden Gefühl, nie alles gelesen und irgendetwas wahnsinnig Wichtiges verpasst zu haben, weil sich das Postfach so schnell wieder füllt.

»Du hast alle E-Mails endgültig gelöscht?«, fragte mich unser IT-Experte erstaunt. Er empfindet den Fall als Herausforderung. Ich wiederum hoffe, dass es keine Lösung gibt. Oder erst dann, wenn ich schon im Zug sitze oder längst in Österreich angekommen bin. Auf der Alm, da gibt's keine E-Mails, das sogenannte Smartphone bleibt auch in Berlin! Nach dem Urlaub geht sowieso alles wieder von vorne los: »Wenn i einmal ins Postkastl schau, / Wird mir im Magen flau ...«

76

Taschlich 5784 oder: Tausche alten Urlaub gegen neuen

14. September 2023

Mal abgesehen vom ersten Abend mit Apfel und Honig ist Taschlich der beste Moment von Rosch Haschana. Das Allerbeste daran: die Idiotien des vergangenen Jahres ins Wasser zu werfen. Das passiert zum Glück draußen und nicht in einer stickigen Synagoge. Diesmal habe ich leider keine perfekte Ausrede, die langen Feiertagsgottesdienste zu schwänzen – denn der Familienbesuch aus Israel fällt ausnahmsweise aus.

Mein Onkel aus Rechowot hat mich vor ein paar Jahren in der Oranienburger Straße total blamiert. Als Israeli geht er zwar nie in die Synagoge, aber der Gottesdienst, in den er nicht geht, muss orthodox sein. »Was soll das – Frauen mit Kippa?«, fragte er in einer Gebetspause, zwar auf Hebräisch, aber ziemlich laut.

»Scheket, sei ruhig, du hast keine Ahnung«, zischte ich und fragte ihn: »Warum soll eine Frau keine Kippa tragen, wenn sie es möchte?« »Weil es bescheuert aussieht«, trompetete der Onkel. Schon drehten sich die ersten Beterinnen empört um. Um meinen Onkel zu ärgern, setzte ich mir sofort auch eine bunte Kippa auf.

Der Onkel bleibt dieses Jahr in Israel, aber die Gottesdienste sind mir trotzdem zu lang. Was denkt sich die Rabbinerin nur dabei? Aber den Taschlich an der Spree lasse ich mir nicht entgehen. Samt Brotkrümeln werde ich alles ins Wasser werfen, was mich dieses Jahr genervt hat. Für das Jahr 5784 habe ich – weil die Welt gerade noch mehr kopfsteht als sonst – nur einen einzigen Wunsch: Der Sommerurlaub möge nicht schlimmer werden als 5783, als mein Sohn gleich nach der Ankunft in Österreich sein iPhone schrottete.

»Willkommen in den analogen Ferien!«, rief ich begeistert. Was das bedeuten würde, habe ich allerdings unterschätzt. Der Sohn schlief bis 14 Uhr und wurde von Tag zu Tag wortkarger. Unternehmen wollte er nichts. Nach einer Woche Wandern ohne Sohn setzte ich auf eine Wende: Für einen Ausflug an einen See liehen wir uns tolle neue Fahrräder.

Die Bremsen waren auch neu, der Radweg voller Mountainbiker, die uns in einer Horde entgegenkamen. Ich erschrak und drückte auf die Bremse. Dann lag ich irgendwo zwischen Bichlbach und Heiterwanger See mit gebrochener Schulter im Graben. Der Einzige, der cool blieb, war mein Sohn: Er schnappte sich das Handy seines Vaters und drehte ein Selfie mit Zicklein, die neben dem Graben weideten (»Süß!«). Nach diesen Ferien war ich urlaubsreifer als vorher.

Meinen ganzen Frust schreibe ich jetzt auf einen Zettel, den ich am Sonntag in die Spree werfe. Die Oranienburger Straße ist zwar nicht die Kotel, aber wenn man etwas wegwirft, bekommt man vielleicht etwas Neues dafür. Tausche Stress gegen Erholung! Tausche alte Welt gegen neue!

Und dann habe ich noch einen ganz wichtigen, hoffentlich nicht unerfüllbaren Wunsch für 5784: kein »Jom Hadin« ohne

Oberstes Gericht. Möge mein israelischer Onkel zur Vernunft kommen – und außer ihm noch ein paar andere Leute in der einzigen Demokratie des Nahen Ostens.

7. OKTOBER 2023

77

Wie in der Synagoge Fraenkelufer Simchat Tora gefeiert wurde – dem Angriff auf Israel zum Trotz

8. Oktober 2023

Vor der Synagoge Fraenkelufer in Berlin-Kreuzberg steht ein Mannschaftswagen mit zehn Polizisten – eine Stunde vor dem Gottesdienst. »Wir sind hier, damit Trittbrettfahrer keine Chance bekommen«, sagt einer der jungen Beamten im Auto und lächelt zuversichtlich.

Nach dem Überraschungsangriff von Hamas-Terroristen am Samstag auf den Staat Israel mit Hunderten Toten, Tausenden Verletzten und Geiselnahmen israelischer Zivilisten ist die Sicherheit vor jüdischen Einrichtungen in Deutschland verstärkt worden.

»Den ganzen Tag gab es Anrufe: Können wir heute Abend zum Gottesdienst kommen? Ist es sicher?«, sagt Nina Peretz, Gabbait der Synagoge. Viele Gemeindemitglieder haben sich gefragt: Können wir, dürfen wir überhaupt Simchat Tora feiern, das Torafreudenfest, während die Zahl der Todesopfer in Israel ständig steigt?

Das hat auch Jonathan Marcus beschäftigt, der wie Nina Peretz dem Vorstand der Synagoge angehört. Einer der beliebtesten

Bräuche an Simchat Tora ist es, Süßigkeiten an die Kinder zu verteilen. Am Fraenkelufer werden sie traditionell von der Frauenempore geworfen, während Zwei- bis Zwölfjährige sie unten auffangen und sich um Bonbons und Schokolade reißen.

Aber ist das heute in Ordnung? An einem Tag, an dem nicht weit von der Kreuzberger Synagoge entfernt, auf der Sonnenallee in Neukölln, die propalästinensische Organisation »Samidoun« Süßigkeiten verteilt hat, um die Terroranschläge gegen Israel und Israelis als »Sieg des Widerstandes« zu feiern?

Im Kidduschraum der Synagoge wird lautstark über Sicherheitsregelungen diskutiert. Im Hof steht die Sukka, in der die Kinder bis eben noch gespielt haben. Im kleinen Betsaal begrüßt Simon Zkorenblut die Gemeindemitglieder mit Handschlag. Langsam füllt sich der Raum, wenn auch nicht zur Gänze. Es sind weniger Besucher als in den Vorjahren. Aber der Kantor der Jüdischen Gemeinde zu Berlin strahlt Ruhe und Gelassenheit aus. Es wird keine große Party geben, sagt er, keine Freudengesänge. Aber trotz allem ein Fest.

Eine Feier mit Konzentration auf das Wesentliche. Die Tora sei »der Baum des Lebens für die, die sie ergreifen«, zitiert Jonathan Marcus in einer kurzen Rede und erklärt, wie der Gottesdienst ablaufen wird: Die Hakafot, die sieben Runden mit den Torarollen um die Bima, sollen nicht ausfallen – sie sollen sich nur auf die hintere Hälfte der Synagoge beschränken, während die Kinder in der vorderen Hälfte die Bonbons einsammeln dürfen. Dann erfüllt die wunderbare Stimme des Kantors den Raum mit Hoffnung, während auf der Empore die Frauen schon die Tüten mit den Süßigkeiten bereithalten.

Auch unten im Betsaal sitzen Frauen – einige zusammen mit Männern auf einer Bank. Auch für die Hakafot werden Frauen wie

Männer gebeten, die Torarollen durch den Raum zu tragen. Es ist eine besondere Ehre an diesem schrecklichen Tag.

Als die Trägerinnen und Träger – sie werden bei jeder Runde ausgewechselt – mit den Rollen an den Betern vorbeischreiten, will jeder den »Baum des Lebens« berühren, einmal, zweimal, siebenmal. »Hoschiana« – »Bitte, Ewiger, hilf doch«, singt der Kantor, und die Beter antworten: »Anenu, Anenu beJom Karenu« – »Bitte, Ewiger, antworte uns am Tag, da wir rufen!«

Von der Empore fliegen Bonbons, Schokolade und Süßigkeitenriegel. Die Kinder – zwei Mädchen sind mit einem Fahrradhelm geschützt – sammeln die Schätze ein und sind fröhlich, so fröhlich wie in jedem Jahr. Ein Träger der Torarollen bekennt hinterher, er selbst sei sogar noch fröhlicher: Diesmal bekam er keine Bonbons auf den Kopf geworfen – oder, noch schlimmer, direkt ins Auge.

Dann beginnt die Toralesung. Fast zum Schluss werden die Kinder auf die Bima gerufen – zum »Kol Hanearim« (»alle Knaben«). Jungen und Mädchen drängen sich unter dem Baldachin und erleben eine Alija aus nächster Nähe. Und wer die Kinder sieht, empfindet ein ruhiges, unspektakuläres Glück.

Mit dem Abschnitt »WeSot Habracha« endet die Toralesung an Simchat Tora. Mit dem Abschnitt »Bereschit« beginnt sie von Neuem. Etwas ist heute zu Ende gegangen. Etwas Neues muss beginnen, in einer Zukunft, die sich die Synagogenbesucher nicht vorstellen können, die ratlos macht.

Aber wenigstens sind sie nicht allein. Sie stehen zusammen beim Kiddusch, trinken ein Glas Wein, teilen das Brot und die Sorgen. Ob religiös oder nicht – sie alle haben den »Baum des Lebens« berührt, der ihnen Sicherheit gibt. Und sei es auch nur für heute.

»Danke, dass ihr gekommen seid«, sagt Nina Peretz zum Schluss des Gottesdienstes. Sie meint nicht nur die Gemeindemitglieder, sondern auch die Polizisten vor dem Tor.

78
»Alle auf den Boden!« Wie ich den Bundeskanzler nach Israel begleitete

18. Oktober 2023

Ich kann nicht zählen, wie oft in meinem Leben ich schon auf dem Ben-Gurion-Flughafen angekommen bin, um meine Familie in Israel zu besuchen. Auf dem Rollfeld in Tel Aviv lag ich allerdings noch nie. Doch dieses Mal – als berichterstattende Journalistin beim Besuch von Bundeskanzler Olaf Scholz in Israel – war alles anders.

Kurz vor dem Abflug der deutschen Regierungsmaschine: Raketenalarm. »Raus aus dem Flugzeug! Alle auf den Boden!«, hieß es. Und schon lag ich auf dem Beton, der noch die Wärme eines israelischen Herbsttages abgab, an meinen Körper, der sich an den Boden schmiegte. Es war schon dunkel, und über uns knallte es ohrenbetäubend laut. Die israelische Luftabwehr »Iron Dome« hatte zwei Raketen der Terrororganisation Hamas abgeschossen. Die meisten meiner Kollegen blieben cool – oder taten zumindest so. Ich hingegen muss zugeben: Ich habe geheult.

Nicht nur aus Angst – obwohl es keine Todesangst war. Auf den »Iron Dome« ist – meistens – Verlass. Nein, ich musste in diesem Moment an die Hatikwa denken, die israelische Nationalhymne: »... ein freies Volk zu sein in unserem Lande.« Und jetzt das? Auf dem Boden liegend, in Deckung vor Geschossen von Terroristen? In diesem Land, das ein sicherer Hafen für Juden aus aller Welt sein sollte, unsere Zuflucht in der Not?

Was ist aus dem jüdischen Staat geworden, der seine Bürgerinnen und Bürger beschützen wollte, aber am 7. Oktober das schlimmste Massaker in seiner Geschichte erleben musste, mit 1200 ermordeten Menschen, darunter grausam gemetzelte Frauen, Kinder, Babys?

Bei der Fahrt in der Kolonne von Olaf Scholz durch Tel Aviv waren die Straßen menschenleer. Auf dem Weg nach Kairo stoppten wir am Dizengoff-Platz, meinem Lieblingsort in Tel Aviv. Ein Meer von Kerzen leuchtete an den Rändern des Platzes in Erinnerung an die Opfer. Auch Scholz hat eine Kerze angezündet. Mein Herz war schwer an diesem Abend. Schwer wie seit dem Morgen des 7. Oktober.

Ich hoffe, dass dieser schreckliche Krieg bald vorbei ist. Dass die Hamas besiegt wird. Aber auch, dass jenes Israel, das ich kannte, nicht verloren ist. Dass die Politiker, die ihre Bürger nicht beschützen konnten, Verantwortung übernehmen und Konsequenzen ziehen.

Dass es bald eine bessere Regierung in Jerusalem geben wird, die ihr Volk eint statt spaltet. Dass die Pendeldiplomatie von Olaf Scholz, US-Präsident Joe Biden und die Bemühungen vieler anderer Politiker nicht ganz umsonst sind.

Und dass ich in nicht allzu ferner Zukunft wieder am Ben-Gurion-Flughafen landen, mich ins Empfangsterminal begeben und auf meine Familie in Israel freuen kann, ohne Angst zu haben, wieder Sirenenalarm zu hören und mich auf den Boden werfen zu müssen.

79

Reißt euch zusammen oder: Warum außer mir gerade alle durchdrehen

27. November 2023

Seit einigen Wochen bin ich von Leuten umgeben, die die Nerven verlieren. Gute Freunde verwandeln sich in Griesgrame, andere werden paranoid. Erst vor Kurzem hat mich einer angerufen und behauptet, der Krieg im Nahen Osten richte sich gegen ihn höchstpersönlich. Zum Glück konnte ich ihn umstimmen, der Krieg wird schließlich gegen mich geführt. Aber ich glaube zumindest nicht, dass es dabei nur um meine Wenigkeit geht.

Neuerdings bin ich sehr tolerant. Alle dürfen durchdrehen, alle dürfen mir auf den Wecker gehen. (Nur X nicht. Du weißt schon, dass du gemeint bist.) Ärgere ich mich über jemanden, versuche ich, es – im Rahmen meiner Möglichkeiten – mit Liebenswürdigkeit zu vergelten. Denn seit dem 7. Oktober sind wir alle im Ausnahmezustand. Warum sollten sich meine Freunde normal verhalten? Außerdem tolerieren sie ja auch mich. Ich sollte nach Ansicht eines Freundes zum HNO-Arzt gehen, weil ich angeblich Zwischenfragen konsequent überhöre. Meine Ohren sind völlig in Ordnung. Dass ich zu viel rede, liegt nur am Krieg!

Bis vor ein paar Tagen dachte ich, im Vergleich zu anderen sei ich sehr ausgeglichen. Leider scheint das gerade zu kippen. Das ist natürlich kein privates Problem, sondern dem Krieg geschuldet. Wie auch die Entwicklung, dass Kaffeetrinken mit Freunden in letzter Zeit die Gestalt einer Gruppentherapie annimmt. Alle dürfen sich auskotzen und herumwüten. Bis zum Schluss Forderungen aufgestellt werden, die ich an dieser Stelle nicht wiedergeben kann. (Was ich gesagt und wie ich mich benommen habe, erfährt ja auch keiner.) Und schaue ich auf »unsere« Bubble bei Facebook, wird mir schwarz vor Augen.

Da freut sich ein »Freund« über tote Palästinenser in Gaza, darf das wirklich wahr sein? Den habe ich wegen Hassrede gemeldet, aber das nützt leider nichts. Andere beharken ihre »Feinde« in einer Lautstärke, die ich nicht hören will. (Auch das ist kein Fall für den Hals-Nasen-Ohren-Arzt!)

Vergangenes Wochenende hatte ich einen Shutdown. Das ist weniger schlimm als ein Breakdown und bedeutet, dass die Betroffenen immer nur »Shut up!« schreien, egal, wer sie anspricht, weil die Festplatte ihres Gehirns keinen Speicherplatz mehr hat. Leider hat es als Erstes meinen Mann getroffen, der mir »Guten Morgen« wünschen wollte. Der Shutdown setzte sich fort, als eine alte Bekannte anrief.

»Dein Geburtstag ist ja schon vier Wochen vorbei. Ich wollte nur mal fragen, wie es dir geht«, sagte sie mit aufreizender Freundlichkeit. Ich war sofort auf 180. Wer mir gratulieren will, soll das gefälligst rechtzeitig tun. Außerdem, wen interessiert schon mein Geburtstag, und warum ruft sie erst sechs Wochen nach dem 7. Oktober an? »Ich will nicht telefonieren, ist mir alles zu anstrengend«, zischte ich und legte auf.

Meine Entschuldigung per SMS wurde bisher nicht beantwortet. Vielleicht liegt das nicht am Krieg, sondern an mir? Darüber werde ich nachdenken, wenn die Hamas besiegt ist. Mal sehen, bei wem ich mich bis dahin noch alles entschuldigen muss.

80

O Tannenbaum oder: Warum die Charité in Berlin ein Problem mit einem Chanukkaleuchter hat

12. Dezember 2023

Ist der Weihnachtsbaum ein »Symbol für die weihnachtliche Friedensbotschaft über die Grenzen der Religionen hinweg«? Das zumindest behauptet die Charité, das traditionsreichste Krankenhaus Berlins, und begründet mit ihrem »Neutralitätsgebot«, warum kein Chanukkaleuchter auf dem Gelände stehen darf, aber ein Tannenbaum. Damit lehnte die Klinikleitung einen Antrag der jüdischen Hochschulgruppe ab, die in diesem Jahr zum ersten Mal eine Chanukkia aufstellen wollte.

Doch was hat der Nadelbaum wirklich mit der Weihnachtsbotschaft zu tun? Schon zu römischen Zeiten wurde damit ein Sonnengott verehrt. Andere Völker hängten Tannenzweige auf, um böse Geister abzuschrecken. In Mitteleuropa wurde der Christbaum samt geblasener Glaskugeln erst im 19. Jahrhundert richtig populär.

Die Makkabäerbücher I und II mit ihrer Geschichte vom Kampf gegen die Seleukiden und der Wiedereinweihung des jüdischen Tempels in Jerusalem gehören hingegen seit vielen Jahrhunderten zum katholischen Bibelkanon – der Kritik der Reformatoren zum Trotz.

Aber um solche Feinheiten geht es bei der Auseinandersetzung um die Chanukkia in der Charité natürlich nicht. Die Universitätsklinik will nur Ärger vermeiden – möglicherweise auch, weil andere Chanukkaleuchter in Berlin mittlerweile beschädigt oder zerstört wurden. Sie will offenbar keinen Stress mit muslimischen Patienten und Besuchern, die sich durch die Chanukkia gestört fühlen könnten. Und natürlich auch keinen Streit um andere religiöse Symbole.

Doch warum wäre der Leuchter der Studenten denn so ein großes Problem? Im Judentum ist die Chanukkia ein Symbol für die Bewahrung der jüdischen Religion und Tradition. Sie ist kein Symbol für Krieg. Im Talmud ist von einem »Ölwunder« die Rede – der Ölkrug, der im jüdischen Tempel brannte, hätte für einen Tag gereicht und reichte schließlich für acht Tage. Wer einen achtarmigen Leuchter aufstellt, bezieht keine Stellung gegen palästinensische Zivilisten in Gaza und will auch nicht den Dritten Tempel in Jerusalem errichten.

Nein, das öffentliche Zünden der Chanukkia in der Charité könnte nur ein bisschen Hoffnung spenden in einer Zeit, in der viele Juden zögern, ob sie ihre Leuchter überhaupt noch aufs Fensterbrett stellen sollen. Denn nach dem Massaker des 7. Oktober in Israel wurden Jüdinnen und Juden weltweit angegriffen – auch eine Synagoge in Berlin-Mitte, gar nicht so weit entfernt von dem Krankenhaus.

Schön wäre es, wenn die Charité (das französische Wort bedeutet »Nächstenliebe« oder »Barmherzigkeit«) doch noch über ihren Schatten springen und ein öffentliches Zeichen der Solidarität mit der bedrängten jüdischen Community setzen würde, die ein schwieriges Chanukkafest feiert. Bis Donnerstagabend ist noch Zeit. Sonst bleibt es eben bei dem heidnischen Tannenbaum und einer »Friedensbotschaft«, die sehr, sehr lau und kein bisschen überzeugend daherkommt.

81

Hierbleiben ist auch keine Lösung – Warum ich endlich nach Raanana will

3. Februar 2024

Neulich bei einer Geburtstagsfeier im tiefsten Berliner Winter. »Ich war gerade in Tel Aviv«, erzählte eine Frau in der Runde. »Das hat so gutgetan, meiner Familie den Rücken zu stärken! Jetzt weiß ich wieder, wo ich stehe. Im Februar fliege ich wieder hin.«

Ich gebe zu, ich war ein bisschen neidisch. Auf diese Haltung und den baldigen Flug. »Du hast es gut«, sagte ich. »Ich weiß nicht mehr, wo ich stehe. Der Krieg dauert schon so lange. Und mein Flug geht erst Ende März.« »Schlechtes Timing«, meinte die Frau. »Flieg lieber jetzt, danach geht es vielleicht nicht mehr.«

Was Flüge angeht, war mein Timing schon letztes Jahr suboptimal. Unser Israel-Urlaub in den Herbstferien ist natürlich ausgefallen. Mitte Oktober war ich für einen Tag in Tel Aviv, genauer gesagt sechs Stunden, mit Bundeskanzler Scholz und 20 anderen Journalisten. Leider hat die Hamas auch den Großraum Lod nicht mit ihren Raketen verschont. Wir mussten uns aufs Rollfeld legen. Seitdem will ich nur dann nach Israel fliegen, wenn ich davon ausgehen kann, dass der Ben-Gurion-Flughafen nicht beschossen wird. Ist das zu viel verlangt?

Schon klar, es geht nicht nur um mich. Aber ich möchte meine Verwandten endlich wiedersehen! Vor allem meine Familie in Raanana, einer wohltuend langweiligen israelischen Stadt, in der es aber vor Kurzem einen Terroranschlag gab, nahe bei dem Café, in das mein Cousin und meine Cousine gern gehen, nur an diesem Tag zum Glück nicht. Vielleicht könnte ich ihnen den Rücken stärken. Oder sie mir.

Wir könnten zusammen die Hamas verfluchen. Und noch ein paar andere Leute (manche in Gaza und manche in Jerusalem). In Raanana würden wir auf der Dachterrasse Arak trinken. Es könnte sein wie vor dem 7. Oktober. Nur ein kleines bisschen so wie früher. Gibt es Israel noch? Die Sonne, das Meer und die Familie? Ich muss es mit eigenen Augen sehen, um es wirklich zu glauben.

Es war eine Sponti-Entscheidung, einen easyJet-Flug nach Tel Aviv zu buchen. Über Ostern. Einfach so. »Total billig. 312 Euro mit Aufgabegepäck!«, erklärte ich meinem Mann. Der war not amused. »Billig? 300 Euro für einen Flug ins Kriegsgebiet? Unser Sohn bleibt hier!«, stellte er in einem Tonfall fest, der keinen Widerspruch duldet. »Ist ja gut«, verteidigte ich meine Reisepläne, »ich habe nur für mich gebucht.« »Das will ich stark hoffen! Ich komme sowieso nicht mit!«

Aus Israel höre ich ganz andere Töne. »Du kannst die ganze Woche bei mir wohnen! Vergiss die Hisbollah! Die schießt nicht in unsere Ecke!«, verspricht meine Freundin, die in der Nähe von Jerusalem wohnt. Sie ist überhaupt sehr euphorisch.

Vielleicht, weil ihr Sohn nach drei Monaten als Soldat in Gaza aus der Armee entlassen wurde. Jetzt muss sie nicht mehr mit der schlimmsten aller Nachrichten rechnen. Und ich nicht weiter in der *Times of Israel* die Fotos junger Männer scannen, denen ich ein langes Leben gewünscht hätte. Ein Lichtblick! Mehr davon! Hierbleiben ist auch keine Lösung. Oder?

82

Warum ich mich an Purim nicht verkleide – auch nicht mit Tarnkappe

23. März 2024

Wie feiert man Purim trotz Krieg? Die Stadtverwaltung von Jerusalem hat sich etwas einfallen lassen: Die erste »Adlojada«-Parade seit 42 Jahren startet an Schuschan Purim, dem 25. März. Wer es nicht wusste: Das ist der Tag, an dem das Fest in ummauerten Städten gefeiert wird, alle anderen Juden betrinken sich einen Tag früher.

»Adlojada« wiederum ist eine Mizwa und bedeutet: Hochprozentiges, bis der Konsument nicht mehr zwischen Haman und Mordechai unterscheiden kann. Oder in Jerusalem zwischen Feuerwehrmann Sam, Janusz Korczak und einem Känguru – besagte Kostüme wurden in israelischen Medien angekündigt. Ein Glück, dass ich erst nächste Woche nach Israel fahre und dem Spektakel zwischen Zionsplatz und der »Maschbir Plaza« entgehe.

Ganz ehrlich: Purim hat mir gerade noch gefehlt. Das letzte Mal war ich an Simchat Tora in der Synagoge – am 7. Oktober. Fünfeinhalb Monate später am selben Ort mit einer Rassel zu sitzen, bei Haman an die Hamas zu denken und dabei noch gute

Laune zu versprühen – diesen Twist schaffe ich einfach nicht. Außerdem habe ich keinen Bock auf die Esther-Megilla. Schon in der Antike war es angesagt, Opferzahlen zu übertreiben – laut Text sollen sich die Juden an ihren Feinden gerächt haben, indem sie 75 000 Perser umbrachten. Für diese Zahl gibt es bis heute keine unabhängige Bestätigung. Darauf einen Manischewitz? Ohne mich!

Nein, ich will keinem den Spaß verderben. Alle sollen feiern, sich bei der »Adlojada«-Parade die Kante geben und die Antisemiten für ein paar Stunden vergessen. Niemand hat das Recht, den Juden eine Party zu vermiesen. Aber ich kann einfach nicht fröhlich sein. Und verkleiden will ich mich auch nicht. Außer vielleicht als Tarnkappe. Ist gerade das Lieblingskostüm vieler Juden – am liebsten wären wir unsichtbar.

Ich gebe zu, mich hat das Symptom auch schon befallen. Vor ein paar Monaten hat mich ein Antisemit angerufen. Der rief in den Hörer: »Deutsche, wehrt euch, kauft nicht bei Juden!«, und legte wieder auf. Nach dem 7. Oktober meldete sich ein anderer Typ am Telefon und behauptete, an unser Haus würden Parolen geschmiert (was aber nicht stimmte). Dann wurde Lahav Shapira zusammengeschlagen.

Jetzt habe ich mich aus dem Telefonbuch streichen lassen. Und mich bei dem Gedanken ertappt, mein Sohn möge eine Nichtjüdin heiraten, damit meine Enkel keinen Ärger haben ... Diese tolle Idee kam mir ausgerechnet während einer Vorstellung von *Anatevka*! Was hätte Tevje bloß dazu gesagt? »Tradition!« Kein Judentum ist natürlich auch keine Lösung, genauso wenig wie Purim ohne Alkohol. Was dann?

Leider habe ich keine Ahnung. Vielleicht wissen es die anderen Juden? Gemeinschaft soll angeblich helfen. Vielleicht gehe ich an Purim doch in die Synagoge. Nur zum Kiddusch, ohne Megilla und ohne Verkleidung. Ich gehe einfach als ich selbst! Ist doch immer noch besser als mit Tarnkappe. Und wenn die Geiseln endlich befreit sind, gehe ich auch wieder auf eine jüdische Party. Es muss ja nicht unbedingt Purim sein.

83

Ausgerechnet Jerusalem? Wenn Teenager Pläne schmieden

26. Mai 2024

Noch vor wenigen Monaten wäre ich stolz gewesen, jetzt macht mein Sohn mich nervös: Vor Kurzem verkündete er, nach dem Abitur wolle er in Israel Hebräisch lernen – im Kibbuz. Ich vermute, ihm war trotz seiner 15 Jahre nicht klar, wie der 7. Oktober das Land verändert hat. »Mal sehen, was in zwei Jahren in Israel los ist«, wiegelte ich ab.

Habe ich mich in die berüchtigte jüdische Mamme verwandelt? Egal, welche Zukunftspläne mein Kind schmiedet – ich finde sie alle zu gefährlich. Nach Israel war Harvard dran: »Da könnte ich doch studieren«, malte der Teenager sich aus. »Klar«, sagte ich, »und wer soll das bezahlen?« »Ich kriege ein Stipendium«, behauptete der Sohn. »Der Rest kostet nur ein Zehntel eures Jahreseinkommens.« »Was heißt hier ›nur‹? Du bist weiß und Europäer, warum solltest du ein Stipendium bekommen? Außerdem, in Harvard sind Antisemiten. Bleib lieber erst mal in Berlin und mach deinen B.A.«, schlug ich vor. »Berlin ist langweilig. Nach der Schule will ich was anderes sehen«, insistierte der Sohn.

So etwas kann nur ein Hauptstadtkind sagen, das nicht wie ich in der württembergischen Provinz aufgewachsen ist. Doch warum sollte ein Teenager Dankbarkeit zeigen? Stattdessen kam er wieder mit Israel an. »Ich könnte die Mechina an der Hebräischen Universität Jerusalem besuchen. Und warum redest du nicht endlich Iwrit mit mir?« Dann beugte er sich wieder über das Buch Ruth. Bald macht er das Hebraicum, an seinem Gymnasium lernt er Bibelhebräisch. Freiwillig. Ich habe ihn nicht dazu überredet. Oder vielleicht doch?

Die Hebräische Universität Jerusalem ... Mein Mutterherz müsste höherschlagen. Stattdessen erklärte ich: »In Israel ist Krieg. Keine gute Zeit, Zionist zu sein.« »Lama?« (»Warum?«), fragte mein Sohn. »Mesukan!« (»Gefährlich!«), sagte ich und bläute ihm ein, auf keinen Fall zur Armee zu gehen. »Damit du es weißt: Gegen eine Kampfeinheit habe ich ein Vetorecht. Du bist mein einziges Kind ...« Der arme Junge hat nicht nur eine jüdische Mutter, sondern auch noch einen israelischen Pass. Alles meine Schuld – ich selbst habe den Ausweis für ihn beantragt. Warum nur?

»In Deutschland ist es auch ein bisschen gefährlich«, sagte der 15-Jährige. »Komm ein Stück näher«, sagte ich und wollte ihn umarmen. »Mama, ich war gerade joggen«, protestierte der verschwitzte Junge, setzte sich aber tatsächlich neben mich. »Okay, geh duschen. Zioni masriach«, sagte ich. »Hast du gerade ›stinkender Zionist‹ zu mir gesagt?«, fragte der Teenager empört. Offenbar bewirkt alles, was ich tue, das komplette Gegenteil von dem, was ich beabsichtige.

Vielleicht versteht mein Sohn nicht alles, was in Israel passiert – wer tut das schon. Dafür weiß er umso besser, was in Europa los ist – spätestens, seit er auf TikTok die finnische Punktesprecherin gesehen hat, die beim Probelauf des Eurovision Song Contest den Namen »Israel« nicht aussprechen wollte. Aber die Ideen von Teenagern ändern sich jeden Tag, wie mir andere Eltern bestätigen. Und zum Glück machen sie irgendwann genau das, was sie wollen, auch wenn es die jüdische Mutter um den Schlaf bringt!

Der Verlag und die Autorin danken dem Zentralrat der Juden in Deutschland und der Jüdischen Allgemeinen für die Abdruckgenehmigung der Texte, die zwischen 2009 und 2024 in der Zeitung erschienen sind.

Die Deutsche Nationalbibliothek verzeichnet diese Publikation in der Deutschen Nationalbibliografie; detaillierte Daten sind im Internet über https://portal.dnb.de/ abrufbar.

Inh. Dr. Nora Pester
Capa-Haus
Jahnallee 61
04177 Leipzig
info@hentrichhentrich.de
www.hentrichhentrich.de

Korrektorat: Ilse Layer
Gestaltung: Gudrun Hommers
Druck: Winterwork, Borsdorf

1. Auflage 2024

Printed in Germany
ISBN 978-3-95565-669-0